뉴스에 속지 않고 올바른 세계관을 갖추는 법

뉴스 사용
설명서

KB104589

뉴스에 속지 않고 올바른 세계관을 갖추는 법

뉴스 사용 설명서

모리 다쓰야 지음 | 김정환 옮김 | 치달 그림

우리교육

차례

3. 뉴스는 이렇게 만들어진다

4. 진실은 하나가 아니다

◆**일러두기**_ 본문의 각주는 모두 편집자주입니다.

1. 미디어는 항상 진실만 전할까?

우리의 세계관은 미디어를 통해 만들어진다. 따라서 미디어는 매우 중요하다. 그런데 미디어는 틀릴 때도 있다. 그러나 그 미디어를 읽거나 보거나 들은 사람들은 너무나 쉽게 그것을 믿어 버린다. 잘못된 세계관이 대량으로 만들어지는 것이다. 그러면 우리는 어떻게 해야 할까?

아프리카 하면 떠오르는 것

시작부터 갑작스럽겠지만 한 가지 게임을 해 보자. 연상 게임이다.

여러분은 '아프리카'라는 말을 들었을 때 무엇이 연상되는가? 너무 어렵게 생각하지 않아도 된다. 지금 머릿속에 떠오른 이미지를 말해 보기 바란다. 나도 종이에 적을 테니 함께 해 보자.

- 사자나 기린, 얼룩말, 코끼리
- 정글
- 사냥하는 흑인들
- 사바나
- 킬리만자로

아프리카에 대한 이미지

대충 이런 것이 떠오르지 않았을까 싶다. 이제 10년도 더 지난 일이지만, 나는 케냐에 간 적이 있다. 몸바사라는 항구 도시에 머물렀는데, 그곳에는 고층 빌딩도 있고 편의점도 있었다. 물론 자동차를 타고 두 시간만 이동하면 수많은 야생 동물이 서식하는 국립 공원에 갈 수 있지만, 현지인은 이제 동물을 사냥하지 않는다.

이미지는 알기 쉬운 것으로 고착되어 버리는 경향이 있다. 그 결과 이미지와 실제 사이에 상당히 차이가 나게 되는데, 사람들은 그런 사실을 좀처럼 깨닫지 못한다. 이것을 '스테레오타입'이라고 부른다.

이야기가 잠시 샛길로 빠졌다. 사실은 이 책의 주제와 매우 관계 깊은 내용이기도 하지만, 이에 관해서는 뒤에서 다시 이야기하기로 하고 지금은 연상 게임에 집중하자. 여러분은 '미국'이라는 말을 들었을 때 무엇이 연상되는가?

- 맥도날드 햄버거
- 콜라
- 자유의 여신상
- 메이저리그
- 그랜드캐니언

이제 마지막이다. 이번에는 지리적으로 매우 가까운 나라다. '북한'이라는 말을 들었을 때 여러분은 어떤 이미지를 떠올리는가?

- 김정은의 특이한 헤어스타일
- 수많은 사람이 동원된 매스 게임
- 한 치의 오차도 없이 발을 맞추며 행진하는 군대와 미사일
- 왠지 화가 난 듯이 말하는 텔레비전의 아나운서

이것으로 연상 게임은 끝이다. 안타깝게도 지금 이 책을 읽는 여러분이 뭐라고 대답했는지 나로서는 알 도리가 없다. 그러나 내가 말한 나라나 지역의 이름을 듣고 여러분이 머릿속에 떠올린 이미지는 내가 예로 든 요소들과 별 차이가 없을 것이다.

이미지는 어떻게 만들어질까?

그러면 질문을 하나 하겠다. 여러분은 머릿속에 떠올린 하나하나의 이미지를 어떻게 알았는가?

국가나 지역에 관한 이미지만을 이야기하는 것이 아니다. 이를테면 교통사고라든가, 실러캔스라든가, 우주 로켓이라든가, 세계 최고

부자의 저택이라든가, 오로라라든가, 시대극 촬영 현장이라든가, 전쟁이라든가, 바다거북의 산란이라든가…….

이런 말들을 들으면 여러분은 일단 어떤 영상을 떠올릴 것이다. 그렇다면 이번에는 어떻게 그 영상을 알고 있는지 다시 한번 생각해 보기 바란다. 아마도 대부분은 텔레비전이나 인터넷에서 알게 되었을 것이다. 혹은 신문에서 사진을 본 일도 있을 것이고, 교과서나 영화에서 본 적이 있을지도 모르겠다.

이것은 바꿔 말하면 지금 여러분이 가진 이 세계에 관한 이미지 대부분이 텔레비전이나 인터넷 등에서 얻은 정보로 만들어졌다는 뜻이다.

학교와 방과 후의 운동장, 저녁에 먹은 우동이나 맥도날드의 햄버거 세트, 집과 가장 가까운 정류장에서 출발하는 버스, 그 버스의 차창 너머로 보이는 거리 풍경, 근처 편의점에서 일하는 아르바이트 종업원…….

이런 것들은 우리 생활 범위에 있기에 직접 보거나, 듣거나, 먹어 볼 수 있다. 그러나 세계는 넓다. 우리가 평소에 보거나 들을 수 있는 범위는 세계의 극히 일부분에 불과하다.

다른 나라나 지역의 일은 자신과 상관없다고 생각하는 사람도 있을지 모른다. 물론 다른 나라나 지역에 관해 모르더라도 당장 사는 데 별다른 지장이 없는 것은 사실이다. 그러나 조금만 더 생각해 보자.

우리가 왜 세계를 알아야 할까?

예를 들어 서아시아에서 전쟁이 일어났다고 가정하자. 그러면 원유를 수입하기가 어려워진다. 수입할 수 있는 원유량이 줄어들기 때문에 모두가 앞다투어 원유를 확보하려 한다. 그래서 원유 가격이 오른다. 원유를 정제해서 만드는 휘발유 가격도 당연히 오른다.

그러면 어떻게 될까? 드라이브를 할 수 없게 될까?

아니, 단순히 그런 수준으로 끝나는 문제가 아니다. 먼저, 트럭 등으로 운반하던 국내 상품의 유통에 들어가는 경비가 상승한다. 그러면 여러분이 좋아하는 과자 가격이 오른다. 원유를 재료로 사용하던 플라스틱 제품의 가격도 오른다. 원유를 연료로 사용하는 공장은 원유 가격이 오른 만큼 제품 가격에 반영한다.

이런 식으로 온갖 물건 가격이 오른다. 재료가 줄어들기 때문에 생산량도 줄어들 수밖에 없다. 도산하는 회사도 늘어난다. 여러분의 생활도 이전보다 힘들어진다.

게다가 이것은 극히 일례에 불과하다. 세계 경제는 서로 연결되어 있다. 다른 나라의 경제 상황은 국내에도 큰 영향을 끼친다. 멀리 떨어져 있는 나라나 지역에서 무슨 일이 일어나든 나와는 상관없다고만 생각하다가는 월드컵 결승전이나 디즈니의 신작 영화도 볼 수 없게 될지 모른다. 어느 날 슈퍼마켓에 갔더니 그전까지 진열대에 있었던 상품 중 절반 이상을 볼 수 없게 되는 일도 일어날 수 있다. 오늘날 나와 여러분의 생활은 이 넓은 세계와 관계가 없을 수 없다. 오히려 매우 밀접한 관계를 맺고 있다.

지금까지 이 세계에 관해 알아야 하는 이유를 이것저것 말했는데, 내가 이 세계에 관해 알고 싶어 하는 진짜 이유는 또 있다. 여기서 말하기 부끄러울 만큼 단순하다. 이것저것 이유를 생각해 봤지만, 역시 이 이유가 가장 컸다.

그것은 바로, 알고 싶기 때문이다.

지금 세계에서 무슨 일이 일어나는지 알고 싶다. 나와 직접적인 관계는 없지만, 같은 시대에 이 지구에서 함께 사는 사람들에 관해 최대한 많이 알고 싶다.

아마존 밀림에 사는 사람들은 무엇을 먹고 있을까? 북극권에 사는 이누이트들은 무슨 옷을 입고 있을까? 남극해를 헤엄치는 향유고래를 보고 싶다. 러시아의 바이칼 호수에 바다표범이 산다는 소문은 사실일까? 뉴욕의 마천루를 보고 싶다. 중국 고지대에 사는 소수 민족이 어떤 하루를 보내는지 알고 싶다.

경제의 측면에서 관계가 있든 없든, 다른 나라에서 벌어지고 있는 전쟁에 관해서도 역시 알고 싶다. 그곳에 아는 사람이 한 명도 없다고 해도 나와 아무런 상관이 없다고는 생각하지 않는다. 전쟁이 일어나면 많은 사람이 죽는다. 나와 같은 시대에 같은 지구에 태어난 사람들이 말이다. 그것이 나나 여러분과 아무런 상관도 없는 일일까? 어쩌면 나나 여러분에게도 할 수 있는 일이 있을지도 모른다. 물론 당장 방법이 떠오르지 않을 수도 있다. 하지만 그곳에서 어떤 일이 일어나고 있는지 모르면 애초에 궁리할 수도 없다. 나는 모르는 채로 살고 싶지 않다. 알고 싶다.

여러분은 모르는 채로 살아도 괜찮은가?

전쟁뿐만이 아니다. 세계에는 먹을 음식이 없어서 죽어 가는 사람들도 있다. 지진이나 쓰나미 같은 재해도 일어난다. 나는 다양한 나라, 다양한 지역, 그리고 다양한 사람들에 관해 알고 싶다, 보고 싶다, 듣고 싶다. 하지만 나도 여러분도 그 모든 지역을 직접 찾아갈 만큼 자유롭지 않으며, 시간이나 돈이 여유롭지도 못하다. 그래서 텔레비전이나 라디오, 신문이나 책, 인터넷 등이 매우 중요한 것이다.

미디어는 세계를 어떻게 만들까?

여러분에게 이 세계의 소식을 전하는 텔레비전과 라디오, 신문, 책, 인터넷을 '미디어'라고 부른다. '매스컴'이라고 부르는 사람도 있다. '매스컴'은 '매스 커뮤니케이션'을 줄인 말인데, 이것은 좀 더 정확히 말하면 '수신할 능력을 지닌 모든 사람에게 공개된 커뮤니케이션 활동'이라는 뜻이다. 텔레비전과 라디오, 신문, 책과 함께 인터넷도 포함되며, 영화나 DVD, 포스터나 전단, 때에 따라서는 우표나 과자 포장도 넓은 의미에서는 매스컴의 일종이다. 그래서 나는 이 책에서 매스컴이 아니라 미디어라는 표현을 사용할 것이다.

사전에서 '미디어'를 찾아보면 "어떤 작용을 한쪽에서 다른 쪽으로 전달하는 역할을 하는 것"이라고 적혀 있다. 그리고 "활자 미디어, 전파 미디어를 거쳐 지금은 정보 통신 미디어가 급속히 발전하고 있다"는 예시문이 이어진다. 요즘은 신문이나 텔레비전보다 유튜브를 보는 사람이 더 많을지 모른다. 트위터나 인스타그램, 페이스북 같은 SNS^{소셜 미디어}에서 정보를 알게 되거나 발신하는 사람도 많다.

노파심에서 물어보는데, 여러분은 '정보'의 의미를 아는가? 복습하는 셈 치고 사전에서 찾아보자.

"관찰이나 측정을 통하여 수집한 자료를 실제 문제에 도움이 되

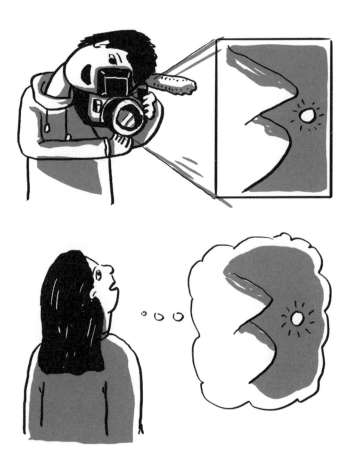

도록 정리한 지식. 또는 자료."

이를테면 '날씨 정보'라고 할 때 '정보'의 의미다. 그리고 우리가 '무엇인가를 행하거나 생각할' 때 정보가 부족하다면 그것을 찾아야 하는데, 그 정보를 전달하는 수단이 바로 미디어다. 요컨대 수단이 없으면 정보도 전달되지 않는다. 미디어가 없으면 정보를 알수가 없는 것이다. 그리고 그 정보가 축적되어서 이 세계에 관한 여러분의 이미지가 된다.

세계에 관한 이미지란 다시 말해 세계관이다. 사람은 저마다 자신의 세계관을 가지고 있다. 나의 세계관은 나 자신이기도 하다. 여러분의 세계관은 여러분 자신이기도 하다. 그리고 그 근간에 있는 정보를 전달하는 수단이 미디어다. 그러므로 만약 미디어가 잘못된 정보를 전달한다면 나나 여러분의 세계관이 잘못되어 버릴 위험성이 있다. 이것은 참으로 곤란한 일이다. 이 세상에 태어난 이상, 제대로 된 정보를 알고 싶다. 세계를 잘못 알고 싶지는 않다. 올바르게 알고 싶다. 이 세계에 사는 다양한 사람들의 기쁨과 슬픔, 희망과 절망, 분노와 탄식, 친절함과 풍요로움 같은 것들을 제대로 알고 싶다. 나뿐만 아니라 여러분도 그렇게 생각할 것이다. 그렇기에 미디어는 참으로 중요한 존재다.

그런데 그런 미디어가 틀릴 때가 있다. 가끔이 아니다. 미디어는 정말 자주 틀린다. 미디어의 의미는 많은 사람에게 '전달하는 역할을 하는 것'이다. 그렇다면 무엇으로 전달할까? 컴퓨터나 스마트폰일까? 펜일까? 인쇄기일까? 전파일까? 물론 다양한 요소가 있다. 그러나 그런 것들은 단순한 도구일 뿐이다. 도구는 사용하는 누군가가 있을 때 비로소 의미를 지닌다.

즉, 미디어는 사람이다.

나는 텔레비전 방송 제작 현장에 있었기 때문에 아무래도 텔레비전에 관해 이야기를 많이 하게 되는데, 텔레비전 방송의 경우 영상을 촬영하는 촬영 기사, 현장에서 연출하는 디렉터, 그 모두를 관리하는 프로듀서가 있다. 신문이나 잡지라면 취재하는 기자가 있고, 사진을 찍는 촬영 기자가 있고, 기자의 원고를 검토하는 데스크와 교열 담당이 있다. 정말 많은 사람이 각자의 위치에서 하나의 방송이나 기사에 관여하는 것이다.

그들은 기계가 아니다. 사람이기에 당연히 틀리기도 한다. 그러나 텔레비전 시청자나 신문 또는 책의 독자는 대부분의 경우 그것을 깨닫지 못한다. 틀린 내용을 믿어 버리는데, 그렇게 되면 참으로 곤란한 상황이 된다.

미디어도 틀릴 때가 있다

일본에서 '마쓰모토 사린 사건'이 일어난 지도 25년 이상 흘렀다. 그러므로 이 책을 읽는 여러분은 이 사건에 대해 모를 것이다. 하지만 이 사건은 이 책의 주제와 매우 중요한 연관성이 있다.

1994년 6월 27일 저녁부터 이튿날인 6월 28일 새벽에 걸쳐 나가노현 마쓰모토시의 주택가에서 누군가가 살포한 맹독 가스 사린에 일곱 명이 사망하는 큰 사건이 일어났다. 일본 사회는 큰 충격에 빠졌고, 하루라도 빨리 범인을 찾아내 체포해야 한다는 압박감에 초조해진 나가노현 경찰은 피해자 중 한 명인 고노 요시유키 씨를 주요 참고인으로 소환했다. 주요 참고인은 '어떤 사건이 일어났을 때 수사 기관에서 조사를 받는 사람 중, 피의자 이외의 사람'을 의미하는데, 그가 최초 신고자였고 자택에 대량의 약물이 보관되어 있었다는 것이 그 이유였다.

사건 발생 이튿날, 나가노현 경찰 수사1과장은 기자 회견에서 "살인 혐의로 최초 신고자의 가택을 수색했습니다."라고 발표했다. 그러자 이 발표를 들은 텔레비전과 신문은 일제히 고노 씨가 범인인 것처럼 보도하기 시작했다.

6월 29일 자 《아사히신문》의 헤드라인에는 이렇게 적혀 있었다.

"회사원의 집에서 약품 압수. 농약 조합에 실패한 것인가?

— 마쓰모토 가스 중독 사건"

《마이니치신문》은 좀 더 구체적이었다.

"최초 신고자의 집을 수색. '조합을 잘못했다'고 구급대원에게 말하다

— 마쓰모토의 사린 중독 사건"

　모두 1면의 머리기사였다. 이것을 읽으면 누구나 최초 신고자인 회사원, 다시 말해 고노 씨가 독가스를 만들었다고 생각할 것이다. 신문만이 아니다. 텔레비전도 당연하다는 듯이 톱뉴스로 다뤘으며, 물론 시청자가 보기에 고노 씨가 범인이라는 느낌이 들게끔 보도했다.

　여러 미디어가 사린 가스에 피해를 당한 고노 씨가 병원으로 이송될 때 "집에서 제초제를 만들려 했는데 조합을 잘못했다."라고 말했다고 보도했다. 물론 진짜 범인이 아닌 고노 씨가 그런 말을 했을 리는 없다. 게다가 조금만 조사해 봤다면 농약이나 제초제를 만들 때 사용하는 약품으로는 절대 사린을 만들 수 없음을 금방 알았을 것이다. 그러나 미디어는 그런 최소한의 검증조차 하지 않았다. 고노 씨를 '독가스남'이라고 불렀으며, 심지어 "독가스 사건의

원인이 된 사내의 기괴한 집안 내력"이라는 제목으로 고노 씨의 가계도를 실은 주간지까지 있었다. 설령 그가 진짜 범인이라고 해도 관련이 있을지 없을지 모르는 집안사람까지 보도한 것은 너무 심했다.

결국 고노 씨를 범인 취급하는 보도는 사린을 살포한 진짜 범인이 옴 진리교라는 종교 집단의 신자들로 판명된 이듬해까지 약 반년에 걸쳐 계속되었다. 그동안 고노 씨는 미디어의 보도를 보고 그를 범인이라고 믿은 생면부지의 사람들에게 비난 전화는 물론, 협박까지 당했다. 고노 씨가 자신은 결백하다고 필사적으로 호소했음에도 말이다.

죄가 없는 사람이 범죄자로 취급받는 것을 '누명'이라고 한다. 실제로 결백한 사람이 누명을 쓰는 일은 절대 드물지 않다. 경찰이나 검찰 등의 수사 기관도 결국은 '사람'이기 때문이다. 분명히 그들은 수사의 전문가지만, 사람인 이상 때로는 잘못을 저지르기도 한다.

그리고 미디어도 수사 기관 이상으로 잘못을 저지른다. 고노 씨의 경우는 다행히 진짜 범인이 판명되었기에 누명을 벗을 수 있었지만, 세상에는 똑같은 상황에서 범죄자로 낙인찍혀 버린 사람도 많다.

경찰도 사람이기에 틀릴 때가 있다. 그리고 언론도 틀릴 때가 있다. 역시 사람이기 때문이다.

미디어 때문에 누명 쓰는 사람도 있다

사건이 일어난 지 2년 뒤, 고노 씨는 이런 말을 했다.

……매스컴은 처음부터 "고노가 범인이다."라고 예단, 결론을 내리고 그것을 보강할 재료를 찾아서 덧붙여 갑니다. 그리고 모두가 '범인은 고노구나.'라고 생각할 만한 기사를 씁니다. 이런 패턴은 옛날부터 변하지 않은 수법이라고 생각합니다.

신문이나 주간지를 본 사람들은 어느덧 '범인은 이놈밖에 없어.'라고 확신하게 됩니다. 그리고 "저놈이 범인이야.", "경찰은 왜 저놈을 체포하지 않는 거지?"라는 여론이 형성되지요. 이런 여론이 바로 억울한 사람을 만들어 내는 요소 중 하나입니다. 이 사건과 관련해, 저는 기회가 있을 때마다 억울한 사람을 만드는 일에 가담하지 말아 달라고 호소해 왔습니다. 매스컴이 항상 사실만을 보도하는 것은 아닙니다. 조작된 정보를 보도하는 경우도 많습니다. 그런 사실을 염두에 두고 스스로 판단하면서 읽어 줬으면 합니다. 안 그러면 보도 피해라는 일이 발생하게 됩니다.

-《마쓰모토 사린 사건의 죄와 벌松本サリン事件報道の罪と罰》
고노 요시유키·아사노 겐이치 지음, 제3문명사, 1996년

고노 씨의 사례는 사실 특별한 일이 아니다. 우리가 깨닫지 못할

뿐, 수많은 사람이 지금 이 순간에도 누명을 쓴 채 괴로워하는지도 모른다. 경찰 출신 국회의원이었고 현재는 정계를 은퇴한 가메이 시즈카 씨는 '사형 제도 폐지를 추진하는 의원 연맹'의 회장이었다. 텔레비전에서 이 사람을 본 적이 있는 독자도 있을지 모른다. 사실 이야기를 나눠 보면 의외로 부드러운 사람이지만 일반적으로는 굉장히 강경한 정치가라는 인상이 있는데, 그가 왜 사형 제도 폐지를 주장하는지 궁금해진 나는 그 이유를 직접 물어본 적이 있다. 그러자 당시 국회의원이었던 가메이 씨는 이렇게 말했다.

"저는 의원이 되기 전에 15년 정도 경찰에 몸담았습니다. 그래서 억울하게 누명을 쓰는 사람이 정말 많다는 사실을 경험을 통해 알고 있지요. 죄가 없는 사람을 사형 시켜 버리면 나중에 잘못된 판결이었음을 알게 되었을 때 돌이킬 수가 없습니다. '저희가 틀렸습니다.'라고 사과한들 죽은 사람이 되살아나지는 않지요. 이것이 제가 사형 제도에 반대하는 이유 중 하나입니다."

가메이 씨는 사형제 폐지 운동을 시작한 뒤로 "당신은 나쁜 사람을 편드는 건가?"라는 비난을 자주 받았다고 한다. 그러나 누가 옳고 누가 그른지는 그렇게 간단히 알 수 있는 일이 아니다. 사형 제도에 관해서는 따로 책 한 권을 쓰고 싶을 만큼 여러분에게 할 이야기가 많지만, 지금은 누명에 관해 이야기를 계속하자. 만약 경찰이 틀렸다면 미디어가 그 잘못을 바로잡으면 된다. 이론적으로는 그렇다. 그러나 현실은 그렇지 않다. 마쓰모토 사린 사건의 경우, 만약 진짜 범인이 나타나지 않았다면 미디어는 계속 고노 씨를 범인으로 취급했을지도 모른다. 분명히 처음 잘못을 저지른 쪽은 경찰이다. 그러나 경찰의 발표를 그대로 믿고 그 잘못을 일본 전체에 퍼트린 장본인은 미디어다.

틀린 정보를 믿지 않으려면……

한 가지 사례를 더 소개하겠다. 2004년 8월, 우쓰노미야 동부 경찰서는 도치기현에 사는 한 남성을 폭행 혐의로 체포했다. 그리고 심문 과정에서 같은 해 4월과 5월에 우쓰노미야 시내에서 일어난 강도 사건 두 건의 진범임을 자백했다며 재체포했고, 재판에서 판사는 남성에게 징역 7년을 구형했다. 그런데 이듬해 2월, 다른 사건으로 체포된 남성이 앞의 강도 사건 두 건도 자신이 저질렀다고 자백했다. 최초의 남성은 오인 체포^{잘못 체포되었음}였던 것이다.

어떻게 이런 일이 일어났을까? 그 이유는 2004년에 체포된 남성이 중증의 지적 장애인이었기 때문이다. 그 남성이 범인이라는 증거 중 하나는 심문 과정에서 남성이 범행 현장의 배치도를 정확히 그렸다는 것이었는데, 그 후의 조사에서 사실은 조사관이 먼저 연필로 배치도를 흐릿하게 그려 놓은 다음 남성에게 펜으로 덧그리게 했음이 밝혀졌다. 참으로 어처구니가 없는 일인데, 사실 이런 일은 드물지 않다. 법정에서 남성은 자신이 저지르지도 않은 범죄를 저지른 것처럼 자백한 이유에 대해 "조서에 서명하지 않으면 경찰서에서 안 내보내 준다는 말을 들었다."라는 취지의 증언을 했다.

고노 씨나 이 남성은 다행히 진짜 범인이 밝혀진 덕분에 결백함이 밝혀졌다. 그러나 만약 진짜 범인이 밝혀지지 않았다면 재판에서 실형을 선고받았을 것이며, 고노 씨의 경우는 지금도 교도소에 수감되어 있었을지 모른다.

이처럼 경찰은 이따금 잘못을 저지른다. 혹은 잘못을 은폐하려고 누군가를 범인으로 몰아세우기도 한다. 검찰이나 변호사 역시 잘못을 저지르고, 재판관조차도 잘못 판단할 때가 있다. 그것을 전달하는 미디어도 잘못하며, 물론 그 보도를 보거나 들은 여러분도 잘못을 저지르곤 한다.

요컨대 미디어는 여러분과 다르지 않다. 때때로 선입견에 빠지고, 때때로 잘못을 저지른다. 다만 잘못을 저지르기만 하는 것은 아니다. 가령 도치기현의 지방 신문인 《시모츠케신문》은 앞에 소개한 도치기현 오인 체포 사건 당시 그 남성이 결백함이 밝혀지자 어째서 이런 일이 일어났는지를 열심히 취재해 대대적으로 보도했다. 이 또한 미디어의 역할이다.

우리의 세계관은 미디어를 통해 만들어진다. 그렇기에 미디어는 매우 중요하다. 그러나 미디어는 때때로 틀리기도 한다. 그리고 그 잘못된 보도를 읽거나 보거나 들은 사람들은 아주 쉽게 그것을 믿어 버린다. 이렇게 해서 잘못된 세계관이 이 세계에 넘쳐나게 된다. 이것은 참으로 곤란한 일이다. 미디어에는 그런 위험성이 있다.

그렇다면 어떻게 해야 할까? 미디어가 잘못된 정보를 전달하지 않으면 좋겠지만, 이것은 앞에서도 말했듯이 불가능한 일이다. 아무리 세심하게 주의를 기울여도 사람은 반드시 잘못을 저지른다. 그렇다면 어떻게 해야 할까? 생각해 보자. 제한 시간은 30초다.

생각했는가? 아직 잘 모르겠는가? 조금 더 생각해 보자. 20초를 더 주겠다.

역시 모르겠는가? 그것으로 됐다. 답을 생각해 냈느냐 생각해 내지 못했느냐보다 생각을 하는 것 자체가 중요하다.

사실은 나도 정답을 모른다. 사람은 자주 잘못을 저지른다. 물론 나도 실수하거나 잘못을 저지르기 일쑤다. 그러니 정답이 무엇인지 알 리가 없다. 만약 이 세계가 덧셈이나 뺄셈처럼 단순하다면 나도 2+3=5와 같이 자신 있게 정답을 말할 수 있겠지만, 안타깝다고 해야 할지 아니면 다행이라고 해야 할지 이 세계는 그렇게 단순하지 않다. 그래서 나도 종종 잘못을 저지른다.

그러나 나는 적어도 여러분보다는 많은 경험을 했다. 많이 실패해 봤고, 그만큼 후회도 많이 했다. 그러므로 정답인지 아닌지는 알 수 없지만 여러분에게 조언 정도는 해 줄 수 있다. 그렇게 생각하고 들어 주기 바란다.

미디어가 잘못을 저지르는 것이 어쩔 수 없는 일이라면 남은 방법은 우리가 미디어에 관해서 알아야 한다. 미디어의 시스템을 알면 적어도 잘못된 내용을 쉽게 믿어 버리는 일은 없어질 테니까. 나는 그렇게 생각한다.

여러분은 어떤가? 반론이 있는가? 없으면 계속 이야기하겠다.

잘못된 세계관을 갖지 않기 위해, 세계를 올바르게 알기 위해 정보를 전달하는 수단이 되는 미디어에 관해서 아는 것. 미디어에 관해서 알고 효율적으로 이용하는 것. 이것을 미디어 리터러시라고 한다. 리터러시가 무슨 뜻이냐고? 그것은 다음 장에서 이야기하겠다.

지나간 뉴스도 꼼꼼히 다시 보자

미디어의 오보로 인해 사회적인 파장이 크게 있었던 우리나라의 사례

사람의 행복 중 먹는 행복은 빠질 수 없다. 그래서 먹는 음식에 잘못된 재료가 들어갔다는 소식이 들리면 남녀노소 할 것 없이 민감해진다.

라면은 저렴한 가격 때문에 서민이 즐겨 찾는 식사 대용품으로, 한국인 한 명이 1년에 73개를 먹는다는 통계2013년 세계라면협회가 있을 정도로 인기 있는 음식 중 하나다. 그런데 1989년 라면 제조 과정에서 공업용 소기름을 쓴다는 '우지 파동'이 일어나, 라면 업계가 크게 위축되고, 라면 회사 관련자가 구속된 적이 있다. 1997년에 대법원에서 무죄 판결을 받음으로써 이 사건은 부실 보도로 인한 피해 사례로 남았고, 이 사건을 계기로 제조 회사들이 라면의 고급화, 다양화를 추구하게 되었다.

2006년에는 '쓰레기 만두 파동'이 있었다. 중국산 불량 무말랭이 일부를 만두소에 넣었다는 내용의 보도를 '쓰레기 만두'라는 선정적인 제목으로 쓰고, 이후 폐기하려던 재료를 마치 만두소에 넣은 것처럼 보도

했다. 이 보도로 인해 만두 제조 업체의 하루 매출이 90%까지 줄어들었고, 불량 만두소와는 전혀 관계 없는 만두 제조업체의 대표가 자살까지 하는 등 사회적인 파장이 커졌다. 언론은 보도하기 전에 사실 관계를 따져 보지 않고, 정부 관련 부서에서 제공하는 정보를 그대로 전달함으로써 부실 보도의 전형을 보여주었다.

가장 최근에 일어난 오보 사례는 2017년 봄에 있었던 '대왕 카스텔라' 관련 보도다. 우리가 먹는 빵은 종류에 따라 다양한 기름이 재료로 사용된다. 그런데 한 먹거리 관련 고발 프로그램에서 마치 빵에는 들어가서는 안 될 재료를 넣은 것처럼 보도하여 관련 업체의 매출이 크게 줄고, 폐점까지 하는 매장도 생겼다. 피해가 없지는 않았지만, 다행히도 음식 관련 전문가들이 SNS를 통해 제대로 된 정보를 제공하면서 사건이 몇 주 만에 수습되었다.

우리가 무심코 받아들이는 간단한 정보도 이렇게 누군가의 인생이 뿌리째 흔들릴 정도로 심각한 결과를 가져오기도 한다. 당장 내게 닥친 일이 아니라 하더라도 잘못된 정보가 계속 쌓이면 잘못된 세계관을 가지게 될 수밖에 없다. 그러지 않기 위해서라도, 지나간 뉴스도 다시 한 번 살펴볼 필요가 있다.

2. 우리는 왜 미디어에 속을까?

미디어는 무서운 존재다. 잘못 이용하면 수많은 사람이 죽는다. 미디어의 정보를 아무런 의심 없이 그대로 받아들이면 피해 보는 사람이 계속 생기고, 나중에는 자신도 피해 보는 상황을 초래할 위험성이 있다. 인간은 그렇게 어리석지 않다고? 하지만 이것은 역사가 증명한 사실이다.

무턱대고 받아들이지 말고 잘 곱씹어 보자

올바른 세계관을 가지려면 미디어 리터러시가 필요하다.

1장에서 설명했듯이, 미디어는 '어떤 작용을 한쪽에서 다른 쪽으로 전달하는 역할을 하는 것'이라는 의미다. 즉, 텔레비전이나 라디오, 신문이나 책, 그리고 인터넷이 미디어다.

다음으로, 리터러시는 '식자識字'라는 의미다. 어려운 말이 나왔는데, 풀어서 설명하면 '문자를 읽거나 쓰는 능력'을 말한다. 그리고 이 두 단어를 합친 미디어 리터러시는 '미디어를 비판적으로 해석한다.'라든가 '미디어를 주체적으로 받아들인다.'라는 의미가 된다.

'비판적으로 해석한다'는 것은 무엇이든 무턱대고 믿지 않고 다양한 시점에서 생각한다는 뜻이다.

'주체적으로 받아들인다'는 것은 정보를 그대로 받아들이지 않고 이런저런 추리나 상상력을 발동한다는 뜻이다. 비유하면 음식을 대충 삼키지 않고 꼭꼭 씹으면서 맛을 유심히 분석하는 것이라고나 할까?

다양한 시점에서 생각하고 상상력을 발동하려면 미디어가 잘못을 저지르는 시스템을 알아야 한다. 일방적으로 정보를 받아들이지 않으면서 미디어의 시스템을 알고 있으면 정보가 부족한 부분이나 과장한 부분이 없는지 생각하거나 상상할 수 있다. 무엇이 부족하고 무엇이 과장되었는지 구체적으로는 모르더라도, 부족하거나 과장할 가능성이 있음을 알고 미디어를 접하면 잘못된 세계관을 갖게 될 위험성은 상당히 줄어든다.

요컨대 미디어 리터러시는 여러분이 올바른 세계관을 갖기 위한, 미디어를 효과적으로 활용하기 위한 방법이다.

'멍 때리기'의 부작용

혹시 여기까지 읽은 시점에 '어? 뭔가 좀 이상한데?' 하고 느꼈는가? 그런 사람은 상당히 우수한 독자다.

그렇다. 나는 리터러시가 '문자를 읽거나 쓰는 능력'이라는 의미라고 말했다. 그런데 미디어에는 신문이나 책 같은 활자 미디어 이

외에 텔레비전이나 라디오와 같은 전파 미디어도 있다. 텔레비전은 보는 미디어고, 라디오는 듣는 미디어다. 그러나 리터러시의 의미는 '식자', 즉 문자를 읽고 쓰는 힘이다. 영상을 보거나 음성을 듣는다는 요소는 포함되어 있지 않다. 왜 그럴까?

이 의문의 답은 아주 간단하지만, 답을 설명하기 전에 미디어의 위험성에 관해 조금 더 이야기하고 넘어가려 한다.

미디어는 우리가 잘못된 세계관을 갖도록 만들 위험성을 내포하고 있다. 신문도 책도 텔레비전도 그 위험성에서 벗어나지 못한다. 고노 씨의 사건에서는 텔레비전도 신문도 잡지도 전부 고노 씨를 범인이라고 단정했으며, 그렇기에 이 사건은 미디어 리터러시가 필요한 사례로 자주 언급된다.

미디어의 시스템은 기본적으로 같지만, 특히 텔레비전은 신문이나 잡지 등의 활자 미디어보다 미디어 리터러시가 중요하다고 이야기한다. 그 이유를 지금부터 설명하려 하는데, 그전에 한 가지 질문을 하겠다. 여러분은 텔레비전을 하루에 몇 시간이나 보는가?[1] NHK 방송 문화 연구소가 2018년 11월에 실시한 조사에 따르면, 7세 이상의 일본인이 하루에 텔레비전을 보는 시간은 평균 3시간 43분이라고 한다. 깨어 있는 시간 가운데 거의 4분의 1을 텔레비전

---

1. 우리나라의 경우 2018년을 기준으로 전 국민의 하루 평균 TV 이용 시간은 2시간 47분이었다. (KOSIS, 방송통신위원회, 〈방송매체이용행태조사〉 참고)

시청에 쓰는 셈이다. 물론 평균이므로 많이 보는 사람은 그보다 더 많이 본다. 깨어 있는 시간 중 절반 이상은 텔레비전을 보면서 지내는 사람도 많을 것이다.

하루에 신문을 4시간씩 읽는 사람은 그리 많지 않다. 매일 4시간씩 책을 읽는 것도 쉬운 일이 아니다. 사실 텔레비전을 시청하는 3시간 43분 중에는 별생각 없이 켜 놓은 시간이 포함되어 있을 것이다. 텔레비전은 이 '별생각 없이 보기'가 가능한 미디어다. 신문이나 책과 달리 가족 또는 친구들과 대화하면서 볼 수 있다. 그리고 '별생각 없이 보는' 동안에도 텔레비전은 매우 강력한 영향력을 발휘한다.

그 좋은 예가 맛집 소개 방송이다. 여러분도 별생각 없이 보는 사이에 방송에 소개된 라면이나 회전 초밥을 먹고 싶다는 강렬한 충동을 느낀 경험이 있을 것이다. 내 지인 중에 텔레비전에 자주 출연하는 대학교수가 있는데, 거리에서 모르는 사람에게 "이런 데서 뭘 하고 계신 겁니까?"라는 말을 듣는 일이 종종 있다고 한다. 말을 건 사람은 텔레비전에서 그 지인을 여러 번 봤기 때문에 마치 잘 아는 사람처럼 느껴서 그런 행동을 했으리라.

텔레비전은 영어로 'Television'이다. tele멀리와 vision보는 것의 합성어다. 멀리 떨어져 있는 것을 본다. 멀리 떨어져 있는 것만 보는 사이에 거리감이 모호해지고, 멀리 떨어져 있음에도 바로 근처에 있는 것 같은 착각에 빠진다. 그래서 타인도 왠지 지인 같은 느낌이 든다. 그것이 텔레비전이다.

요컨대 눈에 항상 망원 렌즈를 끼고 있는 것과 같다. 하지만 멀리 떨어져 있는 곳의 경치는 잘 보이는 대신, 그 경치를 보는 데 너무 열중하면 발밑의 돌부리에 걸려 넘어질 수 있다. 그것이 텔레비전이다. 아주 편리하지만, 영향력이 너무나 강한 까닭에 부작용도 많다.

텔레비전의 엄청난 영향력

사람들이 굉장히 오랜 시간 동안 텔레비전 혹은 영상을 본다는 사실은 알았다. 다음에는 수數에 관해 생각해 보자. 대체 얼마나 많은 사람이 텔레비전을 보고 있을까?

여러분도 시청률이라는 말을 들어 본 적이 있을 것이다. 일본에서는 현재 전국 27지구에서 텔레비전 시청률을 조사하고 있다. 간토 지구[2] 900세대와 간사이 지구[3]·나고야 지구 600세대, 북부 규슈 지구 400세대, 그 밖의 지구 400세대가 조사 대상이다. 가령 시

2. 수도인 도쿄와 주변 지역.
3. 오사카와 주변 지역.

청률이 1%라면 간토 지구에서 16만 7,000세대가 봤다는 계산이 나온다. 이것은 개인 시청률로는 39만 7,940명이 봤음을 의미한다. 시청률이 20%인 방송은 간토 지역에서만 800만 명에 가까운 사람이 본 셈이 된다.

간토 지역에는 일본 인구의 약 3분의 1이 산다. 따라서 전국 네트워크 방송의 시청률이 20%라면 일본 전역에서 2,400만 명이 봤다고 할 수 있다. 2,400만 명. 엄청난 수다. 미디어는 텔레비전 말고도 많지만, 적어도 시장_{정보를 받아들이는 사람의 수}에 관해서는 텔레비전과 다른 미디어 사이에 압도적인 규모의 차이가 존재한다. 완전히 다른 차원의 미디어라고 해도 무방할 정도다. 책의 경우 100만 부가 팔리면 대형 베스트셀러라고 부르지만, 텔레비전 시청률 20%와 비교하면 24분의 1에 불과하다. 게다가 100만 부나 팔리는 책은 1년에 한두 권이 나올까 말까지만, 20%의 시청률을 기록하는 방송은 매일 나온다. 신문 발행 부수가 세계 1위라고 하는 《요미우리신문》조차 약 800만 부에 불과하다.

텔레비전은 시청하는 사람의 수가 많을 뿐만 아니라 시청 시간도 길다. 요컨대 시장이 압도적으로 거대하다. 이 점은 이제 알았으리라 생각한다. 그러나 이것만이 아니다. 텔레비전의 영향력이 강한 가장 큰 이유는 바로 영상이라는 점이다. 영상에는 활자와 비교도 되지 않을 만큼 많은 양의 정보가 담겨 있다. 가령 지금 여러분이 어떤 가족의 일상을 주제로 한 다큐멘터리 방송을 보고 있다고 가정하자. 가족 모두가 거실에 모여 저녁 식사를 하는 장면이 나왔다. 화면 중앙에는 아버지와 어머니가 있다. 아이들도 있다. 할아버지와 할머니도 있을지 모른다. 가족은 다음 일요일에 열리는 아이의 운동회 이야기를 하면서 즐겁게 전골을 먹고 있다. 시간으로 치면 30초 정도의 분량이다.

고작 30초 정도의 영상이지만, 여기에는 엄청난 정보가 담겨 있다. 먼저, 대화를 통해 전개되는 스토리가 담겨 있다. 보통은 이런 시점에서 영상을 본다. 그러나 화면에 등장하는 할아버지나 할머니와 비슷한 세대라면 영상을 보면서 문득 '어머나, 저 영감은 저 질긴 절임을 아작아작 씹어 먹네.'라고 생각할지도 모른다. 전골 고기가 최고급 쇠고기임을 알아본 사람도 있을지 모르며, 도자기에 흥미가 있는 사람은 가족이 쓰는 밥그릇이나 반찬 그릇에서 어떤 발견을 했을지도 모른다. 인테리어를 직업으로 삼는 사람이라면 거실 인테리어에 흥미가 있을지도 모른다. 혹은 배경 음악에 매료된 사람도 있을 것이다.

시점을 조금만 바꾸면 화면에 숨어 있는 여러 가지 정보가 나타난다. 활자 미디어의 경우, 정보로 제시할 수 있는 것은 대화와 약간의 상황 묘사 정도다. 일반적으로 할아버지가 입고 있는 옷의 디자인이나 색, 식탁에 올라와 있는 전골 이외에 요리, 방 안의 가구

나 일반 도구의 묘사까지는 하지 않는다. 이런 것까지 다 적는 것은 굉장히 어려운 일이다. 그러나 영상은 그것을 일순간에 할 수 있다. 영상에는 활자와는 비교도 되지 않는 방대한 정보를 가득 담을 수 있기 때문이다.

즉, 텔레비전은 정보량이 많은 만큼 압도적인 영향력을 지니고 있다. 그렇다면 텔레비전은 언제 역사에 등장했을까? 그리고 당시 사람들의 세계관에 어떤 영향을 끼쳤을까?

'읽고 쓰기'와 '보고 듣기'

텔레비전의 역사를 생각하기에 앞서, 다시 한번 아까의 의문으로 돌아가자.

기억하는가? 리터러시라는 말의 의미다.

리터러시는 '식자', 즉 읽고 쓰는 능력을 의미했다. 한편 텔레비전은 영상 미디어, 라디오는 음성 미디어다. 그런데도 왜 리터러시의 의미에는 '보는 능력'이나 '듣는 능력'이 포함되어 있지 않은 것일까?

답은 매우 단순하다. 지금까지 한 이야기 속에 약간의 힌트가 담겨 있다. 무엇인지 알면 틀림없이 모두가 "뭐야, 그런 거였어?"라고 말하고 싶어질 만큼 간단하니 생각해 보자. 시간은 무제한이다.

이번에는 답을 쉽게 가르쳐 주지 않을 것이다. 그러니 조금 생각해 보자. 사실은 이 '생각하는' 것도 리터러시에 매우 중요한 요소다.

모르겠는가? 어려운가? 알겠다. 그러면 답을 가르쳐 주겠다. 다만 그전에 약속해 줬으면 한다. 답을 듣고 "뭐야, 고작 그런 이유였어?"라고 말하지는 않겠다고.

텔레비전이나 미디어가 굉장히 새로운 미디어기 때문이다.

지금 '뭐야, 고작 그런 이유였어?'라고 생각했겠지만, 이것이 답이다. 문자의 역사는 매우 오래됐다. 텔레비전이나 라디오와는 비교도 되지 않는다. 메소포타미아 문명 유적에서 쐐기 문자를 새긴 기원전 3300년경의 점토판이 발굴되었고, 같은 시기의 중국에도 문자 비슷한 것이 있었다. 또한 기원전 3000년경 이집트에서는 히에로글리프^{신성 문자}라고 부르는 상형 문자가 사용되었다.

현시점에서는 이것이 세계에서 가장 오래된 문자로 불린다. 어쩌면 유적이 발견되지 않았을 뿐 문자의 시작은 더 오래전일지도 모른다. 어쨌든 문자의 역사는 인류 역사의 탄생과 거의 같은 시기에 시작되었다고 생각해도 무방하다.

문명의 시작과 함께 존재했던 문자는 이윽고 커다란 전기를 맞이한다. 15세기에 독일의 요하네스 구텐베르크가 활판 인쇄 기술

기원전 3300년 점토판

이집트 기원전 3000년 히에로글리프

uîð loquar ðe ſeði homnibȝ

15세기 독일 구텐베르크 활자

을 발명한 것이다. 르네상스의 3대 발명 중 하나다^{다만 중국에서는 11세} 활판 인쇄는 매우 중요한
기에 이미 활자를 나열한 조판을 이용해서 인쇄했던 모양이다. 활판 인쇄는 매우 중요한
발명이었다. 그전까지 극히 일부 특권 계층이 독점한 책이 널리 보
급되기 시작했기 때문이다. 세계 최초의 신문이 인쇄된 것도 이 무
렵이다.

물론 이 시대에는 텔레비전도 라디오도 발명되지 않았다. 다시
말해 당시 사람들에게 미디어는 문자로 쓴 것을 읽는 것이었다. 그
래서 리터러시의 의미가 '읽고 쓰는 능력'으로 충분했다.

미디어 역사의 대변화

그런데 19세기 말이 되면서 미디어 역사가 크게 바뀐다. 1895년,
시네마토그래프라는 영사 장치를 발명한 뤼미에르 형제가 파리에
서 세계 최초의 영화를 상영했다. 영화라고는 해도 형제가 경영하
는 공장 모습 등 짧은 영상뿐이었지만, 상영회장을 찾아온 사람들
은 믿기 힘들어했다. 특히 기관차가 카메라, 즉 관객석을 향해 달려
오는 장면에서는 대부분의 관객이 깜짝 놀라 허둥지둥 도망쳤다는
일화가 남아 있다. 요즘 사람들에게는 시트콤의 한 장면 같은 이야
기지만, 생각해 보면 당연한 일이다. 만약 여러분이 태어나서 처음

으로 영상을 봤다면 역시 그 사람들처럼 당황했을 것이다.

이 상영회는 큰 화제를 불러 모았고, 시네마토그래프는 전 세계에 보급되었다. 뤼미에르 형제가 처음으로 영화를 상영한 지 불과 2년 뒤에 일본 도쿄의 아사쿠사 극장에서 '활동사진'이라는 이름으로 상영이 되었을 정도다. 비행기도 없었던 시대임을 고려하면 굉장히 빠른 속도로 보급된 것이다. 영화는 그 정도로 큰 인기를 끌었다.[4]

이렇게 해서 영화는 서민의 새로운 오락거리로 정착했다. 라디오가 탄생한 시기는 영화보다 조금 늦은 1920년으로, 미국의 피츠버그에서 최초의 실험 방송이 실시되었다. 라디오 또한 순식간에 전 세계에서 화제가 되었으며, 일본에서는 역시 2년 후에 실험 방송이 실시되었다. 그리고 3년 뒤인 1925년에는 NHK의 전신前身인 도쿄 방송국이 개국했다.[5]

다시 말해 1920년대 후반에는 영상영화과 통신라디오이라는 두 미디어가 전 세계로 퍼졌다. 왜 영화와 라디오는 당시 사람들에게 그렇게도 커다란 반향을 불러일으켰던 것일까? 여러분은 그 이유를

4. 조선에 시네마토그래프가 처음 유입된 시기는 정확하지 않다. 19세기 말부터 20세기 초반경 서구 열강에 의해 문호를 개방한 때라고 보기도 한다. 조선에 처음 활동사진을 선보인 인물은 미국 여행가 '버튼 홈즈'로 1901년 한국을 방문하여 서울의 여러 모습을 촬영한 후, 그 활동사진을 고종에게 보여 주었다.

5. 우리나라 최초의 라디오 방송국은 1927년 일본이 식민 지배용 매체로 활용하기 위한 목적으로 개국한 경성방송국이다.

알겠는가? 힌트를 주겠다.

　힌트① 20세기 초엽까지는 책이나 신문 등의 활자 인쇄물이 유
　　일한 대중매체였다.
　힌트② 당시 세계의 교육 수준이 어느 정도였을지 생각해 보라.

어떤가? 이유를 깨달은 사람이 있는가? 만약 이유를 깨달았다
면 지금부터는 답안지를 맞춰 본다는 생각으로 읽기 바란다.

리터러시가 필요 없는 미디어

　19세기 말부터 20세기 초까지는 전 세계 대부분 국가에 의무 교
육 제도가 정착되어 있지 않았다. 이 시대까지는 문자를 읽을 수
있는 사람이 극히 일부에 불과했다. 그래서 활자 인쇄 기술이 보급
되었음에도 많은 사람에게 책이나 신문은 큰 의미가 없었다. 그 시
대를 사는 모두가 정보를 공유할 수 있다는 의미에서의 대중매체
는 아직 탄생하지 않았다.
　그런데 영화와 라디오는 문자를 읽지 못하는 사람도 이해할 수
있다. 문자를 몰라도 영상을 볼 수는 있으며, 라디오에서 아나운서

가 하는 말을 들을 수는 있다. 읽고 쓰는 능력인 리터러시가 필요하지 않은 것이다. 모두가 즐길 수 있고, 모두가 이해할 수 있다.

그런 까닭에 영화와 라디오는 최초의 명실상부한 대중매체로 전 세계에 퍼졌다. 그 영향력은 르네상스 시대에 발명된 활판 인쇄 기술과는 비교도 되지 않을 만큼 강력했으며, 세계를 획기적으로 변화시켰다. 변화 중에는 물론 좋은 것도 많지만, 나쁜 것도 있었다. 그중 하나가 파시즘^{전체주의}이라는 정치 체제가 역사에 등장한 것이다.

파시즘과 《어린 왕자》

영화와 라디오가 전 세계에 퍼진 1920년대부터 1930년대에 걸쳐 세계는 매우 긴박한 상황을 맞이했다. 이탈리아와 독일, 그리고 일본이라는 멀리 떨어진 세 나라에서 동시다발적으로 파시즘^{전체주의. 그 의미는 뒤에서 자세히 설명하겠다}이 탄생해 주위 국가들을 위협하고 있었다.

여러분도 읽어 본 적이 있을지 모르겠는데, 유명한 소설의 한 부분을 인용해 보겠다.

왕자가 사는 별에는 무시무시한 씨앗이 있었다. 그것은 바오바 브나무의 씨앗이다. 왕자가 사는 별의 지면은 그 씨앗의 독기에 오염되어 있었다. 바오바브나무는 빠르게 퇴치하지 않으면 나중 에는 도저히 뿌리를 뽑을 수가 없게 된다. 별 전체를 뒤덮고는 그 뿌리로 별을 꿰뚫어 버린다. 왕자가 사는 별은 너무 작아서 너무 많은 바오바브나무가 자라면 별이 산산조각 나고 만다.

좀 더 나중의 일이지만, 왕자는 내게 이렇게 말했다.

"부지런하게 뽑아 주면 돼. 아침에 몸단장을 마치면 별도 정성 껏 단장해 줘야 해. 어린 바오바브나무는 장미하고 똑같이 생겼 기 때문에 구별하기 힘들지만, 좀 더 자라서 구별할 수 있게 되 면 즉시 한 그루도 남기지 말고 뽑아 버려야 해. 정말 귀찮은 작 업이기는 하지만, 별로 어렵지는 않아."

어느 날, 왕자는 내게 프랑스 아이들이 이것을 잘 기억해 둘 수 있도록 멋진 그림을 한 장 그리면 어떻겠냐고 권했다. "아저씨 네 나라 아이들이 언젠가 여행하게 되었을 때 도움이 될지도 모 르잖아? 나중으로 미뤄도 별문제가 없는 일도 있지만, 바오바브 나무는 그냥 내버려 뒀다가는 반드시 큰일이 나게 되거든. 난 게 으름뱅이가 혼자 살고 있었던 별에 간 적이 있는데, 그 사람은 아직 작으니까 괜찮다면서 바오바브나무를 세 그루나 내버려 뒀 다가……."

나는 왕자가 가르쳐 주는 대로 그 별의 그림을 그렸다. 나는 건방지게 훈계하는 것을 좋아하지 않는다. 하지만 바오바브나무의 위험함에 관해서는 거의 알려지지 않았기 때문에 별의 세계에서 길을 잃은 사람이 있다면 그 사람은 매우 커다란 위험에 빠지게 된다. 그래서 이번만큼은 주제넘지만 이렇게 말하려 한다. "여러분, 바오바브나무를 조심하셔야 합니다!"

-《어린 왕자》중에서, 앙투안 드 생텍쥐페리 지음

그 별을 파괴하려는 바오바브나무 세 그루는 이 책이 쓰인 당시 세계를 파괴하던 파시즘을 은유했다고 한다.

제1차 세계 대전이 끝난 뒤, 마치 바오바브나무의 씨앗이 퍼진 것처럼 세계 곳곳에서 파시즘이 싹을 틔웠다. 스페인과 남아메리카 국가들, 동유럽에서도 파시즘이 탄생했지만, 거대한 나무로 성장한 곳은 이탈리아와 독일, 그리고 일본이었다. 이 세 나라는 동맹 관계였으며, 이것을 추축국 체제라고 부른다.

그런데 여러분은 파시즘의 의미를 아는가? 아직 학교에서 배우지 않은 독자도 있을 것이다. 사실 파시즘을 정의하기는 매우 어렵다. 깊게 파고들면 이 주제만으로 두꺼운 책 한 권을 쓸 수 있을 정도로 어려운 문제지만, 여기에서는 최대한 간략하게 요약해 보겠다.

파시즘은 전체주의 혹은 권위주의로 번역되며, 대부분의 경우 다음과 같은 특색을 지닌다.

① 의회 정치^{국민이 선출한 대표들이 국가의 규칙이나 세금의 사용처 등을 결정하는 시}스템를 부정하고 일당 독재를 하는 경우가 많다.
② 시민 사회의 자유를 극도로 억압한다.
③ 외국을 상대로는 침략 사상이 되는 경향이 있다.
④ 최고 권력자에 대한 절대적인 복종, 자신들과 다른 민족에 대한 멸시^{깔보는 것}, 권력에 이론을 제기하는 사람들을 가혹하게 탄압하는 모습도 자주 볼 수 있다.

파시즘이 어떤 이미지인지 어렴풋이나마 감을 잡았는지 모르겠다. 군국주의^{군사력을 최우선으로 삼는 사고방식} 시대의 일본 정치 체제는 엄밀하게 따지면 파시즘과는 미묘하게 다르다는 주장도 있다. 어쨌든 지금은 한 손을 올리고 "하일 히틀러!"라고 외치며 경례하는 나치스의 장교라든가 "자네는 비^非국민인가!"라고 윽박지르면서 일반인을 탄압하는 경찰 같은 것이 파시즘의 이미지라고 생각하면 된다. 물론 그것만이 파시즘은 아니지만, 완전히 틀린 이미지도 아니다^생각해 보면 이런 이미지도 텔레비전이나 영화에서 본 것이다.

프로파간다에 속은 사람들

파시즘과 미디어의 관계에 관해서는 나치스 독일을 예로 설명하는 편이 이해하기 쉽다. 최고 권력자가 된 아돌프 히틀러는 국민계몽·선전부를 만들라고 지시했고, 요제프 괴벨스라는 언론인을 지망하던 군인을 장관으로 임명했다.

미디어를 이용해 특정한 정치적 사상이나 사고방식을 선전하는 것을 프로파간다라고 한다. 괴벨스는 영화나 라디오 등의 새로운 미디어도 이용하면서 국민을 상대로 다양한 프로파간다를 실시했다.

제1차 세계 대전의 패배로 발생한 막대한 배상금에 세계 대공황까지 겹치면서 경제적으로 큰 타격을 입은 독일 국민은 경제 재건과 외교라는 측면에서 차례차례 성공을 거두는 히틀러를 열광적으로 지지했고, 나치스 체제로 이행하는 것을 흔쾌히 받아들였다.

1945년, 세계에서 6,000만 명이라는 엄청난 규모의 희생자를 낸 제2차 세계 대전은 추축국의 패배로 막을 내렸다. 히틀러와 괴벨스는 자살했고, 남은 나치스 독일의 간부들은 전쟁에 승리한 연합국이 설치한 뉘른베르크 재판정에서 재판을 받았다. 과거에 히틀러에게 후계자로 지목되었던 나치스의 최고 간부 헤르만 괴링은 "왜 독일은 이렇게 무모한 전쟁을 시작했는가?"라는 재판관의 질문에 다음과 같이 대답했다.

"일반 국민은 전쟁을 바라지 않는다. 이것은 소련 국민도, 영국 국민도, 미국 국민도, 그리고 독일 국민도 마찬가지다. 하지만 국가의 지도자는 언제나 자기 뜻대로 움직이도록 국민을 이끌 수 있다. 우리가 공격당할 위기에 처해 있다고 국민을 선동하고, 평화주의자들을 애국심이 없다고 비난하면 된다. 이 방법은 어느 나라에서나 효과가 있다."

모두가 '전쟁광'이라고 불렸던 괴링은 사형 판결을 받은 뒤에 교도소에서 청산가리를 먹고 자살했다. 그의 이 증언은 전쟁이 왜 일어나는가의 본질을 참으로 명확하게 표현했다.

국민을 상대로는 위기감을 부추기고, 정책에 반대하는 평화주의자를 비난한다. 그리고 이를 위해서는 '정보를 전달할 수단', 즉 미디어가 필요하다.

미디어는 폭주를 돕기도 한다

나치스는 600만 명이나 되는 수의 유대인을 학살했다. 이른바 홀로코스트[6]다. 이것은 역사적 사실이다. 하지만 내 말을 잘 듣기 바란다. 일반 독일 국민을 포함한 그들이 원래부터 잔인한 사람들

이었기 때문에 그런 짓을 저질렀을까? 그렇지 않다. 우연히도 1930년대의 독일에 잔인하고 흉포한 국민만이 살고 있었을 리 없다. 그것은 불가능한 일이다. 한 사람 한 사람은 좋은 가장이고, 효심이 깊은 자녀이며, 일반적인 희로애락을 느끼는 평범한 사람들이었다.

그러나 사람은 집단이 되었을 때 때때로 터무니없는 잘못을 저지른다. 자기 생각을 집단에 맡겨 버린다. 이것도 역사적 사실이다. 이 스위치가 켜질 때, 다시 말해 집단이 폭주하기 시작할 때, 미디어는 더없이 좋은 확산 장치가 된다. 특히 글자를 읽을 필요가 없는 영상이나 라디오는 슬픔이나 기쁨, 분노나 증오 등 사람의 감정을 매우 강하게, 직접적으로 자극한다.

물론 활자 미디어에도 위험성은 있다. 메이지 유신을 통해 성립된 메이지 정부가 국민 교육에 힘을 쏟았던 일본의 경우, 글자를 읽을 수 있는 사람의 비율은 세계 평균보다 조금 높았다. 영화나 라디오가 전쟁을 추진하는 데 커다란 역할을 한 것은 사실이지만, 신문도 많은 사람에게 읽히고 있었다. 그리고 이 신문이 "지금 전선을 확대하지 않으면 우리의 영토를 지킬 수 없다."라고 독자의 위기의식을 자극했다. 그래서 당시의 일본 국민은 육군이 중국을 침

6. 나치가 1933년부터 1945년까지 12년 동안 유대인을 말살하기 위해 저지른 대학살. 제2차 세계 대전 때 독일과 독일이 점령한 지역에 사는 유대인에게서 사회적 권리를 빼앗고, 재산을 몰수하고, 강제수용소에 몰아넣고 강제 노역에 동원하거나 독가스로 학살했다.

공하는 것을 매우 열광적으로 응원했다.

어디까지 어리석어질 수 있을까?

제2차 세계 대전이 끝나고 이탈리아와 독일, 일본은 패전국이 되었다. 그러나 프로파간다는 사라지지 않았다. 이번에는 냉전이 시작되었다. 소련을 중심으로 한 공산주의 진영과 미국을 중심으로 한 자유주의 진영은 자국민을 상대로 다양한 프로파간다를 실시했다. 일본도 예외는 아니다.

20세기 말에는 냉전도 끝났다. 그러나 프로파간다의 시대는 지금도 계속되고 있다. 과거형이 아니다. 오히려 더 심해지고 있다. 바오바브나무 세 그루는 일단 베어냈지만, 그 나무의 중요한 영양원이었던 영화와 라디오는 바오바브나무가 쓰러진 뒤에도 세계에 남았다. 아니, 남은 정도가 아니라, 이 둘은 융합해서 하나가 되었다. 그것이 무엇인지 알겠는가?

그렇다, 텔레비전이다.

일본에서는 1953년에 텔레비전 방송이 시작되었다.[7] 처음에는 텔레비전 수상기의 가격이 비쌌기 때문에 많은 사람이 역이나 공원 등에 설치된 거리 텔레비전으로 모여들었다. 그러다 한 집이 한 대,

나아가 한 명이 한 대를 보유하는 시대가 되었고, 2000년대에는 컴퓨터나 스마트폰으로 인터넷을 이용하는 사람도 급증했다.

어쨌든 지금 여러분은 집에 있으면서 지구 반대편에서 지금 이 순간 일어나는 일들을 실제 영상으로 볼 수 있다. 뤼미에르 형제가 파리에서 최초의 상영회를 열었을 때 기관차 영상에 관객들이 혼비백산한 것을 생각하면 마치 꿈과도 같은 진화다.

그렇기에 더더욱 주의가 필요하다. 미디어는 무서운 존재다. 잘못 사용하면 많은 사람이 죽기도 한다. 미디어가 전하는 정보를 아무런 의심 없이 그대로 받아들이면 다른 사람을 죽이고 나아가 자신도 죽임을 당하는 상황을 초래할 위험성이 있다.

인간은 그렇게까지 어리석지 않다고 말하는 사람도 있다. 나도 그렇게 생각하고 싶다. 그러나 역사가 그렇지 않음을 증명했다. 미디어가 위기를 부추겼을 때, 사람들은 쉽게 생각을 멈춰 버린다. 평소에는 도저히 할 수 없을 것 같은 행동을 너무나 쉽게 해 버린다. 똑같은 일을 반복하지는 않을 것이라고 믿고 싶지만, 미디어는 과거와 비교도 할 수 없을 만큼 진화했다. 요컨대 마음만 먹는다면 더욱 교묘한 프로파간다를 손쉽게 실시할 수 있다.

7. 대한민국 최초 방송국은 최초의 라디오 방송국인 경성방송국이 해방 후 미군정청 공보부에 귀속되어 운영되다가 1948년 정부 수립과 더불어 공보처 산하의 국영방송으로 새롭게 시작되었다. 1954년 12월에는 최초의 민간방송인 기독교중앙방송국(CBS)이 개국했고, 1959년 4월에는 부산문화방송국이 개국하면서 상업 방송 시대가 시작되었다.

미디어도 속을 때가 있다

1장에서 나는 미디어도 틀릴 때가 있다고 말했다. 먼저 이 점을 기억해 두기 바란다. 설령 보도 내용이 틀리지 않더라도 미디어가 어떻게 보도하느냐에 따라 그 인상이 완전히 달라진다는 사실을 알았으면 한다.

여러분은 이라크 전쟁을 알고 있는가? 2003년에 이라크의 사담 후세인 정권이 대량 파괴 무기를 보유하고 있다고 의심한 미국과 영국의 군대가 이라크를 공격한 전쟁이다. 이 전쟁으로 적어도 10만 명이 넘는 이라크의 민간인과 4,800명에 이르는 미국·영국 군인이 희생되었다.

그런데 이 전쟁에는 복선이 있다. 1991년의 걸프 전쟁이다. 이 전쟁의 직접적인 계기는 1990년 8월에 이라크가 이웃 나라인 쿠웨이트를 침공한 것이었는데, 처음에는 이라크가 석유 자원을 노리고 이웃 나라를 침공하는 폭거를 저질렀기는 하지만 되도록 전쟁은 피하고 싶다는 것이 미국의 일반적인 여론이었다. 그러나 이라크가 쿠웨이트를 침공한 지 2개월 뒤, 미국의 초청을 받은 쿠웨이트 소녀가 의회에서 이라크 병사가 병원에서 아기를 땅바닥에 내동댕이쳤다고 눈물로 호소하자 전쟁에 의문을 품었던 미국의 여론은 순식간에 이라크를 공격해야 한다는 방향으로 바뀌었다.

또한 전쟁이 진행되는 동안 미국의 텔레비전 방송국들은 해안에서 원유에 범벅된 물새 영상을 열심히 방영했다. 미국만이 아니다. 전 세계 텔레비전 방송국이 이 영상을 방영했다. '천하의 악당인 후세인이 이렇게 환경까지도 파괴하고 있다'는 이미지가 각인된 미국 국민은 이 전쟁이 정당하다고 믿어 의심치 않았다. 이렇게 해서 미국을 중심으로 한 다국적군의 이라크 공습이 시작되었다.

그런데 나중에 밝혀진 사실이지만, 의회에서 증언했던 쿠웨이트 소녀는 미국에 설치된 쿠웨이트 대사관에서 근무하는 대사의 딸이었다. 물론 이라크가 쿠웨이트를 침공했을 당시 쿠웨이트에 있지 않았다. 요컨대 그 소녀의 눈물 어린 호소는 연극이었다. 그러나 미디어는 속았고, 그 결과 일반 국민도 속았다. 그리고 공습이 시작되어 수많은 시민이 목숨을 잃었다.

또한 기름투성이가 된 물새도 사실은 이라크와 전혀 관계가 없는 유조선 사고 때 촬영한 영상임이 전쟁 후에 밝혀졌다. 미디어는 이 영상을 사용해 "이라크는 중유를 대량으로 방류해 주위 환경에 심각한 영향을 끼치고 있다."라고 보도했지만, 유전을 파괴한 것은 오히려 미군의 미사일이었음도 그 후의 조사에서 드러났다.

소녀의 경우는 미디어도 피해자였다. 그러나 물새 영상은 이것이 이라크와는 관계가 없음을 어렴풋이 알고 있으면서도 사용한 미디어가 상당수 있었다고 한다. 실수한 것이 아니다. 물론 그 뒤에는 전쟁하고 싶은 미국 정부의 압력과 조작이 있었다. 다시 말해 프로 파간다다.

결코 먼 옛날의 이야기가 아니다. 프로파간다는 어느 시대에나 존재한다. 그리고 미디어가 발달할수록 그 영향력은 거대해진다.

왜 미디어 리터러시가 필요하지? 미디어 리터러시는 누구에게 도움이 되는 거지? 만약 여러분이 이런 의문을 품고 있다면 이렇게 생각하기 바란다.

누군가를 위해서가 아니라 나를 위해서라고. 미디어 리터러시는 바로 여러분, 그리고 여러분의 가족, 나아가 이 지구에 사는 모든 사람을 위한 것이다.

왜 나나 여러분을 위해 미디어 리터러시가 필요한 것일까? 이에 관해서는 다음 장에서 생각해 보기로 하자.

나는 왜 다이어트를 하고 싶을까?

청소년이 자신도 모르게 미디어의 프로파간다에 빠져드는 예

2016년 서울시에서 발표한 '서울시 여성과 남성 건강실태 분석'과 관련된 통계에 따르면, 정상 체중인 여자 청소년 절반이 자신을 뚱뚱하다고 생각한다고 한다. 이에 비해 남자 청소년 중 자신을 뚱뚱하다고 생각하는 사람은 30.7%에 그쳤다. 실제 비만인 사람의 비율은 남학생이 13.7%로 여학생 6.6%의 2배가 넘었는데도 말이다.

TV 광고나 패션쇼에 나오는 모델을 보면서 부러워하는 청소년이 꽤 많을 것이다. 그들과 같은 몸매를 만들기 위해 다이어트를 하고 몸매 만들기에 열심인 친구들도 있을 것이다. 하지만 아직 성장기인 청소년에게는 이 같은 노력이 자칫 건강을 해칠 수도 있다.

패션의 본고장인 프랑스는 2016년부터 너무 마른 모델을 퇴출하는 '말라깽이 퇴출 법안'을 시행하고 있다. 모델이 건강에 문제가 없는 몸무게라는 진단서를 제출해야 일을 할 수 있고, 잡지나 신문 광고 등에 모델의 몸매를 지나치게 마르게 보정한 경우에는 그 사실을 꼭 표기하는

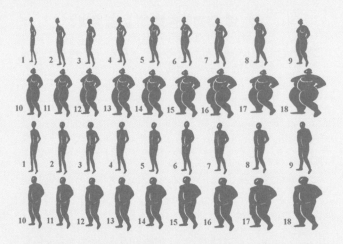

이 그림은 여성과 남성의 신체 이미지를 나타낸 것이다. 1~5는 저체중, 6~9는 정상 체중, 10~13은 과체중, 14~18은 비만 상태를 나타낸다. 이 그림 중 자신은 어디에 속한다고 생각하는가? 주변 사람들은 나를 어떤 이미지에 가깝게 보는지 물어보자. 내가 생각하는 자신의 이미지와 주변 사람이 바라보는 나의 이미지에 차이가 많은 경우라면, 다이어트와 관련하여 미디어의 프로파간다에 휩쓸리고 있는 건 아닌지 곰곰이 생각해 보자.

의무 법안이다. 모델들이 지나치게 체중을 줄이다가 사망하는 사건이 잇달아 터지자, 여성의 건강을 위해서도 왜곡된 미인상을 바로잡을 필요가 있다고 느낀 것이다.

다양한 매체를 통해 광고와 패션쇼를 쉽게 접할 수 있는 청소년은 자신의 세계관이 채 정립되기도 전,

무의식중에 '지나치게 여윈 몸을 우상시 하고 풍만한 몸을 수치'라고 생각할 수도 있다. 아름답게 몸매를 가꾸는 것 역시 개인의 권리지만, 무엇이 아름답고, 나 자신만의 아름다움은 무엇인지에 관해서 생각하는 것이 앞서야 하지 않을까?

3. 뉴스는 이렇게 만들어진다

미디어는 공정하고 중립적이며 객관적이어야 한다. 다시 말해, 개인의 감정이나 이렇게 되었으면 좋겠다는 바람 등은 배제되어야 한다. 하지만 이것은 절대 불가능하다. 절대라는 말을 그다지 좋아하지 않지만, 이것만큼은 절대적이다. 만약 그럴 수 있는 사람이 있다면 그는 사람이 아니라 신이다.

내가 해고된 이유

미디어는 무서운 존재다. 때에 따라서는 사람이 죽을 수도 있다. 그것도 대량으로. 그래서 미디어 리터러시가 중요하다. 여기까지는 이제 이해했으리라 믿는다. 이론을 알았으니 다음에 필요한 것은 실천이다. 그럼 미디어 리터러시를 익히기 위해서는 구체적으로 어떻게 해야 할까?

이에 관해 이야기하기에 앞서, 먼저 자기소개부터 시작하려 한다. 지금까지 내가 살아 온 인생이 미디어 리터러시와 매우 깊은 관계가 있기 때문이다.

나는 텔레비전 방송계에 몸담은 사람이다. 텔레비전 방송 일을 10년 정도 한 뒤에 영화를 제작했고, 이후에는 책을 쓰는 일이 많아졌지만, 지금도 텔레비전 방송 세계에서 완전히 은퇴한 것은 아니다.

영화를 찍기 시작한 때는 지금으로부터 20여 년 전인 1995년이
다. 제작 자금 조달이나 배급 등 모든 것을 직접 해결하는 자체 제
작 방식의 다큐멘터리 영화로, 제목은 〈A〉였다. 1장에서 경찰과
미디어가 사실은 피해자인 고노 요시유키 씨를 범인 취급했던 마
쓰모토 사린 사건에 관해 이야기했다. 그리고 이 사건이 일어난 이
듬해인 1995년 3월 20일, 누군가가 아침 출근 시간의 혼잡한 지하
철 안에 맹독 가스인 사린을 살포해 승객과 역무원 13명이 사망하
고 6,000명 이상이 다치는 사건이 발생했다. 일명 도쿄 지하철 사
린 사건이다. 실행범은 옴 진리교의 신자들이었다. 이 사건을 통해
1994년에 마쓰모토시에 사린을 살포한 것도 옴 진리교의 신자들
이었음이 밝혀진 덕분에 고노 요시유키 씨의 결백이 완전히 증명
되기는 했지만, 세계적으로도 전례를 찾아보기 힘든 무차별 살인
사건이었기에 일본 사회는 매우 큰 충격을 받았다.

내가 촬영한 〈A〉는 사린 사건으로 많은 사람을 살해한 옴 진리
교 신자들을 촬영 대상으로 삼은 다큐멘터리다. 사실 이 영화는
본래 텔레비전에서 방송될 예정이었다. 그러나 옴 진리교 신자를
'절대 악'으로 묘사하라는 텔레비전 방송국 고위층의 지시를 도저
히 받아들일 수 없었던 나는 결국 당시 소속되었던 방송 제작 회
사로부터 계약 해지를 당했다. 쉽게 말하면 잘린 것이다.

도쿄 지하철 사린 사건이 일어난 뒤, 일본의 미디어는 하나같이 옴 진리교에 관한 보도에 열중했다. 신문은 매일 1면에 사건의 추이를 전했고, 수시로 호외를 발행했다. 잡지도 매주 옴 진리교 특집을 실었고, 증간호도 많이 나왔다. 텔레비전은 정규 방송을 중단하고 아침부터 밤까지 옴 진리교 특집 방송만 했다. 이런 상태가 몇 달이나 계속되었다.

지금도 그렇지만, 이 무렵의 미디어는 옴 진리교를 사상 최악의 종교 집단으로 묘사했다. 분명히 사건 자체는 흉악하기 그지없었다. 그러나 촬영 협의를 위해 옴 진리교 시설을 방문했을 때, 그곳에서 만난 옴 진리교 신자는 모두 선량하고 상냥하며 마음이 약해 보이는 사람들이었다. 나는 혼란에 빠졌다. 세상 사람들이 세뇌를 당한 흉악한 살인자 집단으로 생각하는 그들은 살생을 엄격히 금하고 세계 평화를 진심으로 바라고 있었다.

그렇기에 나는 옴 진리교를 절대 악으로 그리라는 텔레비전 방송국 고위층의 지시를 도저히 따를 수 없었다. 흉악한 살인자 집단이 저지른 사상 최악의 사건으로만 보도해서는 사건의 본질에 접근할 수 없다. 선량하고 순수한 그들이 왜 그런 흉악한 사건을 일으켰는지를 생각해 봐야 한다고 느꼈다.

그러나 결과적으로 나는 '옴 진리교를 옹호하는 위험한 디렉터'로 취급되어 방송 제작 회사에서 계약 해지를 당했다. 옴 진리교 신자들이 평범하게 웃고 말하는 장면을 텔레비전에서 방송하기는 어려웠다. 요컨대 텔레비전 등의 대중매체에서는 그들의 '인간적인 모습'을 그리는 것을 '해서는 안 될 일'로 여겼다. 그래서 나는 어쩔 수 없이 이 작품을 자체 제작 영화로 만들었다. 전문 촬영 기사를 고용할 예산이 없었기 때문에 내가 직접 카메라를 들고 촬영했다. 편집도 음악도 직접 담당했다. 내가 좋아서 그렇게 한 것이 아니다. 달리 방법이 없으니 어쩔 수가 없었다. 그러나 텔레비전이라는 미디어에서 벗어나 이 영화를 제작하는 과정에서 나는 정말 많은 경험을 했다. 그리고 그때까지 내가 정말 큰 착각을 해 왔음을 깨달았다.

그날의 뉴스엔 방송국의 생각이 담겨 있다

그때까지 나는 텔레비전 보도에서 가장 중요한 것은 '공정성과 중립성'이라고 생각했다. 공정할 것, 그리고 중립적일 것이 무엇보다 중요한 미디어의 기본이라고 생각했다. 선배들도 내게 그렇게 가르쳐 줬다. 그러나 옴 진리교 시설에서 홀로 카메라를 들고 촬영하면서 나는 이 믿음이 터무니없는 착각이었음을 알았다.

미디어에는 그 밖에도 몇 가지 중요한 약속이 있다. 객관적이어야 한다는 것도 그중 하나다. 공정하고 중립적이며 객관적일 것. 이 것은 바꿔 말하면 개인의 감정이나 이러했으면 좋겠다는 바람 등 이 담겨서는 안 된다는 뜻이다. 그러나 그런 자세로 카메라를 돌리 는 것은 현실적으로 불가능하다.

텔레비전에서는 매일 뉴스가 방송된다. 여러분도 가끔은 본 적 이 있지 않을까? 뉴스는 인터넷에서 본다는 사람도 있겠지만, 공중 파 3사와 종편 방송국에는 모두 각자의 정규 뉴스 방송을 적어도 한 번쯤은 본 적이 있을 것이다.

여러분이 해 봤으면 하는 것이 한 가지 있다. 딱히 어려운 일은 아니다. 여러 방송국의 같은 날 뉴스를 비교해 보는 것이다. 뉴스 방송의 경우, 방송 스태프들이 그날의 사건 가운데 가장 중요하다 고 생각하는 뉴스를 제일 먼저 방송한다. 어떤 뉴스 방송이든 이 원칙은 달라지지 않는다. 먼저 그 순서를 확인해 보자. 모든 방송 국이 제일 처음에 똑같은 뉴스를 내보냈는가? 다음 뉴스는? 그다 음 뉴스는? 표로 만들어 보면 좀 더 알기 쉬울지도 모른다. 가능하 면 하루가 아니라 며칠 정도는 계속해 보기 바란다.

아마도 계속 비교하다 보면 차이를 알게 될 것이다. A 방송국은 톱뉴스로 다루었는데, B 방송국은 세 번째나 네 번째의 작은 뉴스 로 다룰 때도 있을 것이고, C 방송국은 짧게나마 보도했는데 같은 날의 D 방송국은 전혀 보도하지 않은 뉴스도 있을지 모른다. 이것을 오래 계속하면 각 방송국이 생각하는 뉴스의 가치 혹은 지금 일어나고 있는 문제의 우선순위 등을 알게 되지만, 그렇게까지 할 필요는 없다.

이것은 신문도 마찬가지다. 중앙 일간지와 각 지방 지역 신문까지 포함해 같은 날 1면 기사를 비교해 보자. 신문 1면은 텔레비전 뉴스로 치면 톱뉴스에 해당하는데, 이것도 신문사에 따라 상당히 다름을 알 수 있을 것이다. 아마도 그 차이는 텔레비전보다 확연할 것이다.

이제 생각해 보자. 뉴스의 가치는 각 방송국, 각 신문사에 따라 상당히 달라진다. 그날 밤 뉴스를 보기 위해 어떤 방송국을 선택했느냐에 따라 여러분의 오늘 하루 세계관이 상당히 달라질 가능성이 있다.

여기까지 생각했다면 이제 한 발 더 앞으로 나아가 보자.

뉴스의 가치는 누가 결정할까?

이제 방송국이나 신문사에 따라 뉴스의 가치가 달라진다는 사실을 알았다. 그렇다면 누가 그 뉴스의 가치를 결정할까? 각 방송국에 뉴스의 가치를 측정하는 기계가 있어서 그것이 뉴스의 가치

를 결정하는 것은 당연히 아니다^{미래에는 AI가 톱뉴스를 결정하는 시대가 찾아올지}

도 모르지만. 나는 1장에 미디어가 왜 잘못을 저지르는지 썼다. 기억해

보기 바란다.

뉴스의 가치를 결정하는 주체는 보도국이나 사회부의 프로듀서

나 데스크, 혹은 디렉터나 기자들이다. 때로는 그보다 직함이 높은

사람들^{사장이나 임원}이 현장에 압력을 가하는 경우도 있다.

어느 쪽이든, 결국 뉴스의 가치를 결정하는 주체는 사람이다. 그

리고 사람인 이상 당연히 감정이 있다. 좋고 싫음도 있다. 바람도

물론 있을 것이다. 여러분은 어떤가? 만약 여러분이 기자나 디렉터

라면 국회의원이 운전 중에 한눈을 팔아서 교통사고를 일으킨 사

건과 어느 시골 산속에서 멧돼지가 사람을 습격한 사건 중 어느

쪽이 더 중요한 사건이라고 생각하겠는가? 아마도 사람마다 다를

것이다. 당연한 일이다. 흥미나 관심의 방향과 크기는 사람마다 다

르기 때문이다. 여기에 객관적인 기준 같은 것은 없다. 데이터를 어

느 정도 참고한다든가 그 사건이 사회에 끼치는 영향 같은 것을 예

측할 수는 있다. 그래서 일정 수준의 객관적인 가치를 부여할 수는

있지만, 이것도 '일정 수준'일 뿐 절대적인 것은 아니다. 결국 무엇

이 중요한 정보이고 무엇이 불필요한 정보인지는 사람이 결정하는

것이다.

뉴스나 정보의 가치를 결정하는 데는 객관적인 기준이나 데이터

뿐만 아니라 마침 그 뉴스를 담당한 사람의 감정이나 좋고 싫음이 크게 작용한다. 이 '감정이나 좋고 싫음'은 '주관'으로 바꿔 말할 수도 있다. 객관의 반대말이다. 요컨대 텔레비전 뉴스나 신문 기사는 무엇을 보도하느냐 하지 않느냐, 무엇을 뉴스로 삼느냐 삼지 않느냐를 결정하는 시점에 이미 객관적이라고는 말할 수 없다.

우리는 이렇게 해서 뉴스에 속는다

이번에는 텔레비전 뉴스 내용을 생각해 보자. 이해를 돕기 위해 구체적인 예를 들어 보겠다.

오늘 새벽, 중앙 자동차도로의 ○○나들목 부근에서 모터사이클을 운전하던 A씨(28세)가 승용차와의 접촉 사고로 의식 불명의 중태에 빠졌다.

승용차를 운전한 용의자 B씨(25세)는 폭주족 집회에 참여했다가 돌아오는 길에 ○○나들목에서 작은 새끼 고양이를 발견해 데려가려 했는데, 그 모습을 지켜보던 A씨와 누가 새끼 고양이를 데려갈지 다투게 되었다. 결국 B씨는 A씨의 모터사이클을 추격해 위협 운전을 했고, 그 과정에서 접촉이 일어나 모터사이클이 쓰러지면서 A씨는 두부 좌상을 입을 정도로 크게 다쳤다. 신고를 받고 출동한 해당 지역 경찰은 용의자 B씨를 현행범으로 체포해 조사하고 있다.

대충 이런 사건이 있었다고 가정하자. 이런 사건이 어디 있냐고? 너무 깊게 생각하지는 말고 일단 이야기를 진행하자.

해당 지역 경찰서의 기자 클럽으로부터 연락을 받은 뉴스 취재반은 먼저 현장으로 달려가 주위의 모습, 타이어가 미끄러진 자국, 충돌한 모터사이클이 불타면서 생긴 가드레일의 탄 자국 등을 촬영한다. 때에 따라서는 경찰서로 가서 용의자가 연행되는 모습을 촬영하거나, 다툼의 원인이 되었다는 새끼 고양이를 찾거나, 용의자가 일하던 직장에 가서 상사나 동료에게 이야기를 듣거나, 피해자의 집을 찾아가 가족과 인터뷰를 한다. 그런데 난감하게도 새끼 고양이를 도저히 찾을 수가 없다. 그럴 경우는 어쩔 수 없이 자료영상이라는 편리한 도구를 사용한다.

현장의 취재를 마쳤으면 서둘러서 방송국으로 돌아간다. 작업은 아직 끝나지 않았다. 지금부터 영상 편집이라는 중요한 일을 해야 한다. 촬영해 온 영상을 내레이션 길이에 맞춰서 연결해야 한다. 디렉터는 첫 장면을 무엇으로 할지 고민하면서 오늘 촬영해 온 영상을 다시 한번 확인한다.현장에 간 디렉터와 편집을 담당하는 사람이 다를 경우도 종종 있지만, 이번에는 같은 사람이라고 가정했다. 그리고 결정했다.

처음 5초는 고속도로를 전세 낸 듯이 질주하는 폭주족의 자료 영상을 사용한다. 처음에는 새끼 고양이의 자료 영상을 사용할 생각이었지만, 용의자가 사고 직전에 참가했다고 하는 폭주족의 집회를 떠올리게 하는 편이 뉴스로서 강렬한 인상을 주리라고 판단한 것이다.

다음에는 사고 현장, 선명한 타이어 자국, 목격자의 증언, 피해자 가족의 인터뷰, 경찰서 앞의 모습을 내보낸다. 이렇게 하자 딱 내레이션 시간과 일치했다. 이것으로 초벌 편집^{대략적인 편집}이 끝났다. 이 시점에 방송까지 남은 시간은 약 3시간. 서둘러야 한다.

프로듀서가 검토하고 오케이 사인을 보내면 내레이션을 녹음하고, 효과음을 삽입하고, 자막을 넣는다. 내레이션 원고는 기자가 직접 쓰기도 하고, 때에 따라서는 구성 작가라는 사람이 쓴다. 음악은 음향 담당^{영상에 음악이나 효과음을 넣는 사람}에게 맡긴다. 벌써 2시간이 지났다. 방송까지 남은 시간은 이제 1시간.

방송 직전에는 대기하고 있던 뉴스 진행자도 참여해 프리뷰^{미리 보는 것}를 하고, 이때 문제가 발견되지 않으면 작업은 전부 끝난다. 만약 프로듀서나 뉴스 진행자로부터 문제점을 지적받았다면 급히 스튜디오로 돌아가 재편집을 한다. 그리고 어떻게든 방송 시간에 맞춰 재편집을 마치면 뉴스가 방송된다.

거짓말은 아니지만……

이 디렉터는 첫 장면으로 마치 고속도로를 전세 낸 듯이 질주하는 폭주족의 자료 영상을 사용했다. 갓 태어난 새끼 고양이의 자료 영상도 준비했지만, 어느 쪽을 사용할지 고민한 끝에 결국 폭주족의 자료 영상을 선택했다.

이제 여러분에게 묻고 싶다. 먼저 폭주족 영상과 새끼 고양이 영상을 머릿속에 떠올려 보기 바란다. 그리고 상상해 보기 바란다. 두 영상에서 똑같은 인상을 받았는가?

물론 그럴 리는 없을 것이다. 시끄럽게 경적을 울리며 집단으로 질주하는 폭주족 영상을 사용함으로써 용의자인 B씨의 흉포한 일면이 강조되었다. 달리는 모터사이클에 위협 운전을 하는 공격적인 사내였던 것은 분명하다. 그러나 만약 새끼 고양이 자료 화면으로 뉴스를 시작했다면 B씨의 인상은 상당히 달라졌을 것이다.

또한 디렉터는 피해자의 가족이나 친구들의 인터뷰를 사용했는데, 가해자의 직장 동료나 상사의 인터뷰는 사용하지 않았다. "평소에는 참 얌전한 친구입니다."라든가 "동물을 좋아하는 사람이었습니다." 등 가해자의 상냥한 마음씨를 강조하는 발언이 많았기 때문에 잘라냈다. 그 대신 원통함을 호소하는 피해자 가족의 인터뷰를 최대한 사용했기 때문에 틀림없이 시청자에게도 그 원통함과 분노가 전해졌을 것이다.

　만약 첫 장면으로 새끼 고양이의 영상을 사용하고 피해자의 가족이나 친구의 인터뷰뿐만 아니라 가해자의 직장 동료나 상사의 인터뷰도 내보냈다면 아마도 뉴스의 인상, 즉 B라는 사내의 이미지는 상당히 달라졌을 것이다.

　①과 ②의 차이는 두 장면뿐이지만, 시청자가 받는 인상은 상당히 달라진다. 노파심에서 덧붙이는데, 어느 쪽도 거짓은 아니다. 양쪽 모두 사실이다. 가해자는 달리는 모터사이클을 자동차로 추격하면서 사고가 일어날 줄 예상하고서도 위협 운전을 한 지독한 사내다. 그러나 동시에 추위에 떨고 있는 새끼 고양이를 버리고 갈 수 없었던 상냥한 측면도 있다.

양쪽 모두 사실이다. 어느 쪽을 채용하든 거짓은 아니다. 그러나 시청자가 받는 인상은 완전히 달라진다. 용서하기 힘든 흉포한 사내인가, 저지른 짓은 용서할 수 없지만 정상 참작_{범죄자에게 동정할 수 있는} _{배경이 있으면 형벌을 가볍게 해 주는 것}의 여지가 있는가. 이 차이는 크다. 단 두 장면이 다를 뿐인데 이런 큰 차이를 만들어 내는 것이다.

'이해하기 쉬움'의 함정

지금까지 미디어 리터러시가 필요한 이유를 몇 가지 사례와 함께 설명했다.

① 마쓰모토 사린 사건에서 피해자인 고노 요시유키 씨가 범인
　　으로 보도된 사례
② 도치기현의 중증 지적 장애인이 오인 체포된 사례
③ 걸프 전쟁 전에 미국에서 거짓으로 증언한 소녀의 사례
④ 걸프 전쟁 당시 기름 범벅이 된 물새의 영상이 방송된 사례

이것들은 전부 미디어가 실수하거나 속는 바람에 일반인들도 잘못 인식하게 된 실제 사례다. 그러나 이런 사례들은 예외적인 경우

가 아니다. 미디어가 실수하지 않은 경우, 속지 않은 경우에도 보도를 어떻게 하느냐에 따라 사실은 다양한 형태로 변화한다. 보도할 때 어떤 영상을 사용하느냐에 따라 B라는 한 용의자를 전혀 다른 인물로 인식하듯이 말이다.

세상의 모든 일은 어떤 각도에서 보느냐에 따라 완전히 달라진다. 세상의 현상은 전부 다면적이기 때문이다. 다면적이라는 말은 면面이 많다는 뜻이다. 요컨대 하나의 사실에도 다양한 측면이 존재한다는 말이다.

이해하기 쉬운 것은 중요하다. 학교 수업도 이해하기 어려운 것보다는 이해하기 쉬운 편이 당연히 훨씬 좋다. 그러나 우리가 사는 현실은 애초에 매우 복잡하며 이해하기 어려운데, 그 복잡함을 그대로 전했다가는 뉴스가 성립하지 않는다. 사건이나 현상을 뉴스로 만들려면 다면적인 시점은 필요가 없다. 면이 적은 편이 좋다. 물론 하나뿐일 때 가장 이해하기 쉽다.

버려진 고양이를 내버려 두지 못하는 동시에 달리는 모터사이클에 위협 운전을 한 B라는 사내는 상냥한 사람일까, 흉포한 사람일까? 지금 여러분이 생각에 잠겼다면 그것으로 충분하다. 어느 한쪽이 정답이고 다른 한쪽이 오답인 것은 아니다. 양쪽 모두 정답이다. 정답은 한 가지가 아니다. 흉포한 동시에 상냥한 측면도 있다. 인간은 그런 존재다.

그러나 이래서는 뉴스가 되지 않는다. "이 범인은 잔혹하지만 상냥한 측면도 있습니다."라고 말해서는 뉴스의 결론이 무엇인지 알수 없다. 그래서 미디어는 정보를 간략화한다. 숫자로 치면 0 아니면 1로 나타내는 것이다. 소수점 이하는 반올림한다. 그러는 편이 사건을 이해하기 쉽기 때문이다.

사건을 이해하기 힘들면 보는 사람은 불안해진다. 그래서 많은 시청자는 결론이 명확한 뉴스를 선호한다. 요컨대 반올림한 뉴스는 시청률이 오른다. 텔레비전은 이렇게 사건을 이해하기 쉽게 가지치기한다. 이 가지는 방해가 되니 잘라내자, 싹둑싹둑. 이 잎도 필요가 없으니 잘라내자. 싹둑싹둑.

한편으로 생각하면 어쩔 수 없는 일이다. 텔레비전 방송국에 가장 중요한 문제는 얼마나 많은 사람이 시청하느냐다. 텔레비전 방송의 수익 구조에 관해서는 이 장 마지막에 자세히 설명하겠지만, 텔레비전 방송국의 사원은 시청률이라는 숫자를 매우 신경 쓴다. 그 심정은 충분히 이해한다. 과거에는 나도 그랬기 때문이다.

다만 그것은 공정한 행동도 중립적인 자세도 아니다.

촬영하는 것은 숨기는 것

혼자서 카메라를 들고 옴 진리교 시설 내부를 돌아다니면서 나는 그런 생각을 했다. 내가 그렇게 생각하게 된 계기는 직접 카메라를 들고 촬영하게 되면서부터다. 그전까지는 촬영 스태프들과 함께 촬영하러 가는 것이 당연했다. 그러나 앞에서도 말했지만 나는 이 다큐멘터리 문제로 그때까지 소속되어 있었던 방송 제작 회사로부터 계약 해지를 당했다. 그래서 어쩔 수 없이 친구의 디지털카메라를 빌려 내가 직접 촬영했다. 그리고 깨달았다. 촬영이라는 행위는 전혀 객관적이지 않으며, 하물며 공정하지도 중립적이지도 않다는 사실을.

내 주위에는 세계가 있다. 여러분의 주위에도 세계가 있다. 사방 360도에 전부 존재한다. 그러나 카메라는 이 무한한 세계를 네모난 프레임의 내부로 한정한다. 그 순간 프레임 바깥쪽의 세계는 존재하지 않는 셈이 되어 버린다. 무엇인가를 촬영한다는 행위는 무엇인가를 감추는 행위와 같은 것이다.

카메라 파인더에 한쪽 눈을 대고 촬영하면서 내가 보여 주고 싶은 세계를 선택하고 있음을 깨달았다. 내 눈앞에는 옴 진리교 신자 세 명이 있었다. 한 명은 컴퓨터 화면을 응시하고, 다른 한 명은 밥 위에 깨를 뿌린 것이 전부인 소박한 저녁 식사를 하고 있었으며,

마지막 한 명은 제단 앞에서 머리를 조아린 채 기도를 올리고 있었다.

이 세 명을 동시에 촬영할 수는 없었다. 누구를 촬영할지 선택해야 했으며, 선택하는 주체는 바로 나였다. 그리고 누구를 촬영하느냐에 따라 영상을 보는 사람이 느끼는 인상은 크게 달라진다.

시청률과 소수점 이하의 세계

무엇을 뉴스로 선택하느냐는 단계에서 이미 개인의 주관이 시작된다. 텔레비전의 경우는 여기에 다시 촬영이라는 프레이밍 요소가 들어간다. 다시 말해 현장의 한 단면을 선택하는 것이다. 이것은 선택한 단면 이외에는 전부 버린다는 뜻이다.

편집 단계에서는 수많은 영상 소재를 어떻게 나열하고 조합하느냐에 따라 또다시 커다란 변화가 일어난다. 그다음에는 여기에 음악이나 내레이션, 효과음 등을 추가한다.

가령 아까 예로 든 나들목 사고 뉴스의 경우, 슬픈 음악을 사용하면 피해자의 괴로움이나 슬픔이 더욱 증폭된다. 섬뜩한 음악을 사용하면 가해자의 비정상적인 성격이 더욱 강조된다. 내레이션 내용에 따라서 시청자의 감정을 상당히 유도할 수도 있다. 더욱 강조하고 싶을 때는 강렬한 효과음을 집어넣거나 자막을 넣기도 한다.

주목받는 재판의 공판을 보도할 때, 법정 내부 촬영은 금지되어 있어서 텔레비전 방송국에서는 재현 영상이나 삽화 등을 자주 사용한다. 여러분도 그런 뉴스를 본 적이 있을 것이다. 피고가 법정에 들어오기 전의 법정 내부 영상이나 삽화를 배경으로 피고가 증언대에서 한 말을 성우에게 재현시키는 수법도 있는데, 이때 깔보는 듯한 말투로 대사를 읽게 하느냐 성실한 말투로 읽게 하느냐에 따라 피고에 대한 인상이 상당히 달라진다. 성우의 연기 하나로 흉포한 이미지를 만들어 낼 수도 있고 성실하면서 마음 약한 사람이라는 인상도 줄 수 있는 것이다.

물론 되도록 피고 본인의 목소리나 말투에 가까운 성우를 선택해야 한다. 그러나 실제로는 아무래도 연출이 개입할 여지가 있다. 시청자를 흥분시키는 편이 시청률을 높일 수 있기 때문이다.

앞에서도 말했지만, 방송의 세계는 기본적으로는 0 아니면 1이다. 중간의 모호함은 반올림하는 편이 이해하기 쉽다. 요컨대 올리거나 버리는 것이다. 그 결과 현실은 과장되지만, 그러는 편이 스토리가 명쾌해지기 때문에 시청자들이 더 좋아하므로 시청률도 오른다. 시청률이 오르면 상사에게 칭찬받고, 사내에서 발언권도 커질지 모르며, 어쩌면 인기 방송을 담당하게 될지도 모른다. 그러니 열심히 한다.

텔레비전 뉴스 방송을 제작하던 시절의 나는 틀림없이 이런 식이었을 것이다. 물론 실제로 늘 숫자만 생각하면서 뉴스를 만들지는 않았다. 현실에는 0과 1 사이의 소수점 이하에 해당하는 영역이 있는데, 시청률을 높이고 싶다고는 해도 자꾸 자극적인 연출을 하게 되는 나와 방송의 모습을 보며 정말 이래도 되는지 고민한 순간도 있었다. 그러나 고민만 했을 뿐 결국은 이해하기 쉬운 뉴스를 만들어 왔다. 나뿐만이 아니다. 대부분의 스태프가 때로는 고민하면서도 시청률을 올리는 뉴스를 지향해 왔다.

여러분은 어떻게 생각하는가? 이렇게 완성된 영상이 철저히 객관적으로 만들어졌겠는가? 그럴 리가 없다. 오히려 완전한 주관 덩어리다. 그러나 텔레비전 또는 뉴스를 보는 사람 대부분 뉴스가 객관적으로 만들어졌다고 믿는다. 사실이라고 믿어 의심치 않는다. 화면에 비치는 것은 분명 사실의 조각 중 하나지만, 그 조각을 모은 것이 반드시 사실이라고는 말할 수 없다. 비유하자면 레고 같은 것이라고나 할까? 똑같은 블록도 어떤 의도로 조립하느냐에 따라 로켓이 되기도 하고, 탐사정이 되기도 하며, 중세의 성이 만들어지기도 한다. 어쩌면 레고는 조금 과장이 심한 비유일지도 모르지만, 그 정도로 생각하는 편이 확실하다.

많은 사람이 이 사실을 모른다. 뉴스 영상에 촬영한 사람이나 편집한 사람의 감정이 반영되어 있다는 사실, 시청률을 높이기 위해 자극적으로 보이도록 궁리한다는 사실 등을 상상조차 못 한다.

중립이란 무엇일까?

객관성 이외에도 사람들이 미디어에 요구하는 것이 있다. 바로 중립성이다. 모두가 미디어는 중립적이어야 한다고 말한다. 미디어에서 일하는 사람들도 똑같이 말한다. 나도 과거에는 그렇게 생각했다.

내가 과거에 옴 진리교 다큐멘터리를 제작하려다 방송 제작 회사에서 계약 해지를 당했을 때, 당시 상사였던 방송 제작부장은 내가 옴 진리교를 중립적으로 바라보지 않기 때문에 계약을 해지한다고 설명했다.

이번 기회에 중립이라는 말의 의미를 다시 한번 제대로 생각해 보자. 여러분에게 묻는다.

중립이란 무엇일까?

……참 어려운 질문이다. 사전을 찾아보면, 중립이란 어느 편에도 치우치지 않고 중간적인 입장에 서는 것이라고 한다. 즉, A와 B가 있을 때 그 양쪽으로부터 똑같은 거리만큼 떨어져 있는 위치를 말한다. 이것을 보도에 대입하면 어느 한쪽에 치우치지 않는 자세

를 의미할 것이다. 음……, 이것은 수긍이 가는 자세다. 분명히 그러는 것이 옳다.

그렇다면 여러분에게 한 가지 질문을 더 하겠다.

그 A와 B의 위치는 누가 결정하는가?

생각해 봤는가? 대답하기가 어려울 것이다. 그것이 정답이다. 애초에 A와 B양 끝의 위치는 정해진 것이 아니다. 수학 문제의 경우는 문제를 만드는 사람이 양 끝을 설정하지만, 실제 사건이나 현상의 경우는 그런 사람이 존재하지 않는다.

누군가가 양 끝을 결정해야 한다. 그 누군가는 누구일까? 기본적으로는 여론이나 민의라고 부르는 다수의 의견이다. 그러나 그것이 반드시 옳다는 보장은 없다. 나를 해고한 방송 제작부장은 옴 진리교 사람들을 '극악한 살인자 집단'으로 묘사하는 것이 중립적이라고 믿었다. 당시 많은 사람의 생각도 그 부장과 똑같았을지 모른다. 그 점을 부정하지는 않는다. 부장이 옴 진리교를 미워하는 것은 그의 감정이며, 그 감정은 존중한다. 그러나 '세뇌당한 살인자 집단'이라는 시각은 어디까지나 한 가지 시각에 불과하다. 그들은 선량하고 순수하며 상냥한 사람들이라는 측면도 존재했다. 그 상냥한 사람들이 왜 그런 흉악한 범죄를 저질렀는지를 생각해야 한다. 이것이 나의 생각이었다.

나는 '악'으로부터 얼마나 떨어져 있을까?

우리는 '나쁜 사람이 나쁜 짓을 한다.'라고 생각하고 싶어 한다. 나쁜 짓을 하는 사람은 나와는 전혀 다른 사람이라고 말이다. 그러나 현실은 그렇게 단순명쾌하지 않다. 현실은 복잡하고 이해하기 어렵다.

나는 직업상 폭력단이나 마피아, 살인죄를 저질러서 징역을 살다 출소한 사람을 만날 기회가 평범한 사람보다는 조금 많다. 그런데 지금까지 '이 자는 정말 구제 불능의 악인이구나.'라는 생각이 드는 사람은 단 한 번도 만난 적이 없다. 물론 화를 잘 내는 사람은 있다. 생각이 짧은 사람도 있다. 타인의 고통이나 괴로움에 대한 공감 능력이 부족한 사람도 있다. 그러나 완벽한 타인은 없다. 옴 진리교 신자들도, 마피아에 몸담은 사람도, 심지어 연쇄 살인범도 누군가를 사랑하거나 희로애락을 느끼는 평범한 사람들이다.

대다수 사람은 이런 현실의 다면성을 좀처럼 인정하고 싶어 하지 않는다. 이것을 인정해 버리면 자신의 내부에도 그런 사람들과 공통되는 무엇인가가 숨어 있음을 인정하게 되기 때문이다. 그것은 곤란한 일이다. 연쇄 살인범과 자신과의 사이에는 큰 차이가 있어야 한다. 사이에 명확한 선을 긋고, 그들은 특수한 사람들이라고 생각하는 사람이 참으로 많다.

나치스가 일당 독재를 하던 시절, 독일 국민 대다수가 히틀러는 위대한 지도이며 나치스의 정책은 옳다고 믿었다. 홀로코스트에 관여한 나치스 간부들은 유대인을 한 명도 남기지 않고 모조리 죽이는 것이 자기들에게 주어진 숭고한 사명이라고 믿었다.

제2차 세계 대전이 시작되었을 무렵, 일본 국민 대다수는 천황을 정점으로 하는 대일본제국이 아시아를 하나로 모으기 위해 중국과 조선, 동남아시아 국가들을 식민지로 만드는 것이 옳은 행동이라고 믿었다. 그리고 이 올바른 행동을 방해하는 못된 미국과 영국^{당시 귀축영미라고 불렀다}을 응징해야 한다고 생각했다.

그러나 제2차 세계 대전이 끝나자 악의 정의는 바뀌었다. 독일의 경우 나치스 간부 열두 명이 사형을 당했고, 전쟁이 끝난 지 15년 정도가 지난 뒤에는 나치스 같은 반유대주의를 범죄로 취급하게 되었다. 일본도 전쟁 지도자 중 일부는 극동국제군사재판^{도쿄 전범 재판}에 부쳐졌고, 미국·영국과 전쟁을 벌이던 당시 최고 책임자였던 도조 히데키 등은 A급 전범이 되었다. 미국은 적국이라는 이미지도 완전히 사라졌다. 오히려 현재는 많은 사람이 미국을 일본과 가장 사이가 좋은 나라로 생각한다.

여러분 중에도 어떤 나라에 대해 나쁜 인상이 있을지도 모른다. 중국 사람들은 매너가 없다고 생각하는 사람도 있을 것이고, 북한 미사일이 두려운 사람도 있을 것이다. 또 한국의 K-POP이나 드라

마를 좋아하는 사람도 많겠지만, 2019년 한·일 관계가 좋지 않을 때 텔레비전 뉴스나 인터넷 뉴스를 보다 보니 한국은 일본에, 일본은 한국에 대한 인상이 나빠졌다는 사람도 있을지 모른다. 그러나 현대는 세계화 시대다. 모국이 아닌 곳에서 공부하거나 일하는 사람도 많다. 그러니 어떤 나라에 대해 '나쁜 나라'라는 이미지를 갖게 되었다면 그렇지 않은 시점의 기사도 찾아보고 뉴스를 비교해 보기 바란다.

어딘가에 악이 있다. 그리고 그 악은 어떤 식으로 응징해도 상관없다. 많은 사람이 편승하기 쉬운 이런 분위기를 만드는 존재는 다름 아닌 미디어임을 떠올리기 바란다. 그리고 미디어조차도 자신들이 만들어 낸 그 분위기에 휩쓸린다는 사실 또한 기억하기 바란다.

실제로 현지에 취재하러 갈 수 있는 사람은 한정되어 있다. 우리에게 실질적인 정보원이 미디어밖에 없는 경우는 상당히 많다. 그리고 앞에서도 말했듯이 미디어는 결국 사람이다. 어떤 뉴스가 방송될지는 현장에 간 기자나 디렉터, 데스크나 프로듀서들의 판단으로 결정되는데, 그 판단은 지금까지 이야기했듯이 시청률이나 이해하기 쉬움을 추구한 결과기도 하다. 만약 무엇이 완전히 중립적인 시점인지 아는 자가 존재한다면, 그는 사람이 아니라 신이다.

양쪽의 주장을 다 들으면 공평할까?

미디어의 또 다른 철칙으로 '양론 병기'라는 말이 있다. 특히 신문사에 갓 들어온 신출내기 기자는 선배들에게 제일 먼저 이 철칙을 교육받는다.

양론 병기는 대립하는 사람이나 조직 등을 기사 또는 뉴스에서 다룰 때 어느 한쪽 사람이나 조직의 주장만이 아니라 양쪽의 의견을 같은 분량만큼 소개한다는 규칙이다. 신문만이 아니다. 텔레비전에서도 양론 병기는 기본적인 철칙 중 하나다.

그러나 이것도 사실은 중립의 개념과 마찬가지로 커다란 함정이 숨어 있다.

A↔B

이런 구도는 분명히 존재한다. 여기까지는 문제가 없다. 그런데 A와 대립하는 것이 정말 B일까? 어쩌면 C일지도 모르고, D일 가능성도 있지 않을까? 요컨대 A와 대립하는 것이 무엇인지 누군가가 결정해야 하며, 이 또한 누군가의 주관이다. 중립과 마찬가지다.

또한 이 규칙에는 본질적인 모순이 있다. 설령 양쪽의 의견을 같은 분량만큼 나열하더라도 어떻게 나열하느냐에 따라 인상이 상당히 달라진다. A의 의견을 소개한 다음 여기에 반대하는 B의 의견을 소개한다. 이론적으로는 이것으로 양론 병기가 성립한다. 그러

나 이 경우, 시청자나 기자가 나중에 나온 B의 의견에 공감할 가능성이 높다. A는 중간 과정이고 B가 결론에 가깝다는 심리가 무의식중에 작용하기 때문이다.

물론 텔레비전이나 신문의 전문가들은 이 맹점을 잘 알고 있다. 그래서 때로는 무의식적으로 이것을 이용한다. 추행 혐의로 체포된 대학교수가 있다고 하자. 그는 경찰의 날조라고 주장한다. 텔레비전 뉴스에서 이 사건을 다룰 때, 공정성과 중립성을 생각하면 그의 주장을 소개해야 한다. 만약 실제로 이런 일이 일어났다면 뉴스를 유심히 보기 바란다. 대학교수가 뉴스 영상 제일 마지막에 등장하는 일은 거의 없다. 십중팔구는 그의 주장을 소개한 다음 그와는 반대의 주장을 하는 경찰이나 검찰 관계자의 주장으로 마무리한다. 그러면 뉴스를 끝까지 본 시청자는 마지막에 등장하는 수장이 더 옳다는 느낌을 받는다.

이런 순서를 미리 정하는 이유는 대학교수의 주장보다 경찰의 주장이 더 옳다고 생각하는 사람이 사회의 다수이기 때문이다. 텔레비전은 다수를 거스르지 않는다. 그랬다가는 시청률이 떨어진다. 어쩌면 항의 전화가 쇄도할지도 모른다. 만약 방송국 고위층이 그 항의를 들었다면 문제를 일으킨 디렉터나 프로듀서에게 중요한 일을 맡기지 말아야겠다고 생각할지도 모른다. 광고주인 기업의 담당자에게 항의 소식이 전해진다면 광고를 중단할 위험성도 있다.

다수를 따르는 이유는?

텔레비전이 다른 미디어와 크게 다른 점 중 하나는 광고주의 존재감이 매우 크다는 것이다. 광고주는 방송국이 방송 제작에 필요한 비용을 내는 기업이나 단체를 뜻한다. 신문이나 잡지, 책은 원칙적으로 읽는 사람에게 요금을 받는다. 그런데 텔레비전^{유료 방송은 예외로 치고}은 시청자에게 요금을 받지 않는 대신 기업에서 광고비를 받는다. 텔레비전은 이 광고비로 방송을 제작하고 이익을 얻는다. 그래서 광고주인 기업의 의견을 매우 중요하게 생각하며, 광고주의 심기를 건드리지 않으려 한다. 가령 광고주 기업이 불상사를 일으켰을 경우, 뉴스에서 그 소식을 아예 다루지 않거나 짧게 다루고 넘어가는 일도 드물지 않다.

텔레비전이 이렇게까지 시청률을 신경 쓰는 이유도 시청률이 기업으로부터 받는 광고비로 환산되기 때문이다. 유일한 예외는 공영방송[8]이다. 공영방송은 광고가 없다.[9] 그래서 시청률을 신경 쓸 필요가 없다. 매우 중요한 방송국인 것이다. 이에 관해서는 4장에서 조금 더 자세히 설명하기로 하고, 지금은 이야기를 계속하겠다.

---

8. 우리나라는 KBS, MBC, EBS가 있다.
9. 우리나라의 공영방송은 제작·운영 비용 문제를 핑계로 KBS 1TV를 빼고는 광고를 방송한다.

텔레비전은 다수를 거스르지 않는다. 거슬렀다가는 시청률이 떨어지기 때문이다. 텔레비전 정도는 아니지만 신문이나 잡지도 이 원리에서 벗어나기 어렵다. 이렇게 해서 미디어가 정보를 확산하면 다수의 의견은 점점 커지는 반면, 소수의 주장이나 의견은 급속히 작아진다. '이건 뭔가 좀 이상한데?'라고 생각하는 사람도 그 생각을 입 밖에 꺼내지 못하게 된다. 미디어에서 같은 정보를 수없이 보고 듣는 사이에 그 '이상한데?'라는 의식이 점점 희박해진다.

독일이 나치스의 일당 독재 체제가 되는 과정에서도 처음에는 "이건 위험해."라고 말하는 사람이 상당수 있었다. 유대인을 박해하고 때에 따라서는 학살하는 것에 대해 "유대인도 우리와 같은 인간이 아닌가?"라고 반대하는 사람도 상당수 존재했다. 그러나 나치스의 권력이 강해지는 동시에 미디어의 프로파간다로 박해를 지지하는 사람이 급격히 늘어나자 반대하는 사람들은 입을 다물었고, 더는 폭주를 멈출 방법이 없었다. 사회학에서는 이런 메커니즘을 '침묵의 나선'이라고 한다. 어려운 말이지만, 기억해 둬서 손해볼 일은 없을 것이다.

미디어의 모순

다만 주관으로부터 도망칠 수 없음을 자각하고 최대한 중립적이며 공정한 위치에 서고자 노력하는 것까지 부정하지는 않는다. 아니, 부정하기는커녕 보도는 그래야 한다고 생각한다. 그러나 실제로는 이 점을 확실히 자각하면서 일하는 기자나 디렉터는 내가 아는 한 소수에 불과하다. 물론 개중에는 필사적으로 생각하고 또 생각하는 사람도 있다. 다만 그런 사람은 출세하지 못한다. 시청률을 높이거나 판매 부수를 늘리는 데만 열중하지 못하기 때문이다. 출세는 대개 매일 같이 어떻게 해야 시청률을 높일 수 있을지, 판매 부수를 늘릴 수 있을지만 궁리하는 사람들이 한다. 안타깝지만 이것이 어른 사회의 현실이다.

그러니 여러분만이라도 알았으면 좋겠다. 미디어는 본질적인 모순을 안고 있다. 공정하고 중립적인 보도 같은 것은 있을 수 없다. 반드시 사람의 의식이 반영된다. 이 점을 항상 의식하기 바란다. 여러분이 보는 텔레비전 뉴스나 아침에 읽은 신문이나 포털 사이트의 기사는 복잡한 다면체 속의 한 가지 시점에 불과함을 잊지 말기 바란다. 그러면 틀림없이 뉴스나 기사가 이전과는 다르게 보일 것이다.

4. 진실은 하나가 아니다

기억해 두기 바란다. 사실은 무한한 다면체임을. 미디어가 제공하는 단면은 어디 까지나 그중 한 단면에 불과함을. 만약 여러분이 현장에 간다면 전혀 다른 세계가 눈 앞에 펼쳐질 가능성이 매우 큼을.

세계를 재구성하는 방법

영화를 편집할 때, 어떤 상황의 영상이나 음성을 다른 상황에 끼워 넣어서 하나로 연결하기도 한다. 이것을 전문 용어로 '삽입'이라고 한다. 어려운 기술은 아니다. 텔레비전 업계나 영화 업계에서는 누구나 당연하게 사용하는 수법이다. 그리고 이 수법을 사용하면 화면에 비치는 세계를 얼마든지 재구성할 수 있다. 장소의 분위기를 바꾸는 것 정도는 식은 죽 먹기다.

구체적인 예를 들어 보겠다. 가령 텔레비전 방송국에서 여러분이 다니는 학교의 영어 수업 광경을 촬영하러 왔다고 가정하자. 며칠 후, 그 영상이 방송되었다. 간단한 학교 소개가 끝난 뒤 교단에서 선생님이 칠판에 글씨를 쓰면서 열심히 가르치는 장면이 나온다. 그 장면 다음에는 선생님의 설명을 듣는 여러분의 모습이 삽입

된다. 영상에는 여러분의 얼굴이 나오고 있지만, 선생님의 설명은 계속된다. 장면이 바뀌어도 선생님의 설명은 끊이지 않는다. 이런 경우 소리는 끊지 않고 계속 사용하기 때문이다. 이 소리를 바탕에 놓고 교단에 서 있는 선생님의 영상과 소리를 지운 여러분의 얼굴 영상을 교차로 연결한다. 이것을 '컷백'이라고 한다.

그런데 이때 어떤 표정을 짓고 있는 여러분의 얼굴을 사용할지는 그 영상을 편집하는 사람의 판단에 달려 있다. 수시로 고개를 끄덕이며 열심히 설명을 듣는 영상을 사용하면 열정적인 선생님과 진지하게 수업을 듣는 학생들이 아름답게 조화를 이루는 장면이 된다. 그러나 여러분이 때마침 하품을 참고 있었거나 옆자리의 누군가가 잠시 창밖을 바라보고 있었을 때의 영상을 사용한다면 선생님의 열정이 안타깝게도 헛수고에 그치는 장면이 된다.

이것이 삽입이다. 방송을 주의 깊게 보면 이런 장면이 매우 많음을 알 수 있다. 그리고 이때 장소의 분위기를 어떻게 재현하느냐는 편집자의 의도에 달려 있다. 선생님의 설명을 열심히 듣는 여러분과 하품을 참는 여러분은 모두 수업 중 여러분 모습이다. 어느 쪽도 거짓은 아니다. 그러나 어느 쪽을 삽입에 사용하느냐에 따라 수업 인상이 크게 달라진다. 아니, 수업만이 아니다. 여러분에 대한 인상도 크게 달라진다.

미디어는 처음부터 거짓이다

삽입은 영상 편집 기술의 한 가지 예일 뿐이다. 삽입 외에도 다양한 기술이 있다. 어쨌든 영상은 이처럼 '만들어지는 것'이라는 사실을 기억하기 바란다. 분명히 사실의 조각을 모아서 만들기는 하지만, 완성된 것은 사실의 일부분을 잘라낸 것에 불과하다. 즉, 미디어를 통해서 보는 것은 사실의 조각을 조합해서 만든 허구^{픽션,} ^{조작}다.

상상해 보기 바란다. 텔레비전 카메라가 교실에 있다면 누구나 수업 중에 긴장할 수밖에 없다. 누구나 평소와는 다르게 말하고 행동한다. 카메라가 촬영하는 것은 카메라의 존재 때문에 달라진 현실이다. 카메라가 없는 평소의 교실이 아니다. 몰래카메라나 CCTV 같은 예외를 제외하면 카메라는 애초에 있는 그대로의 모습을 촬영하지 못하는 것이다.

기자나 디렉터가 사실의 조각을 모으고, 현장에서 느낀 진실을 추구한다. 나는 이것이 영향력이 큰 대중매체의 바람직한 모습이라고 생각한다. 미디어를 곧이곧대로 믿는 것은 문제가 있다. 그러나 모든 것을 조작이라고 부정하는 것도 조금은 문제가 있다. 대부분 기자나 디렉터는 그런 사실의 조각을 모으면서 그들이 느낀 진실을 묘사하려고 열심히 노력한다. 물론 개중에는 노력하지 않는 사람도 있다. 혹은 노력의 방향이 시청률이나 판매 부수 같은 숫자로 향하는 사람도 있다. 기자나 디렉터가 전하고자 하는 진실을 '객관성이 부족하다'든가 '공정하고 중립적이지 않다'는 이유로 뭉개려는 데스크나 프로듀서데스크는 일반 기자보다, 프로듀서는 디렉터보다 힘이 강한 경우가 많다도 있다.

요약과 조작 사이

3장에서 나는 0과 1의 예를 들면서 미디어는 이해하기 쉬움을 지향한다고 말했다. 요컨대 반올림이다. 소수점 이하 같은 작은 숫자는 시청자가 이해하기 어렵다면서 외면할 가능성이 있기 때문에 미디어는 당연하다는 듯이 반올림하거나 버린다.

미디어에서 실시하는 올리기의 예로는 종종 문제가 되는 조작 방송이 있다. 어떤 마을에 기우제를 여는 풍습이 있다. 그래서 촬영 팀이 기우제를 촬영하러 갔는데, 올해는 비가 많이 내린 까닭에 기우제를 지내지 않는다고 한다. 그러나 촬영 팀으로서는 여기까지 왔는데 빈손으로 돌아갈 수가 없다. 그래서 마을 사람들에게 특별히 기우제를 지내 달라고 부탁한다. 요컨대 기우제를 재현해 달라고 부탁하는 것이다. 이렇게 해서 촬영된 기우제는 어떤 의

복을 입느냐, 어떤 장소에서 하느냐, 마을 사람 중 누가 참가했느냐 등의 정보와 함께 촬영 팀의 부탁을 받고 했다는 것도 중요한 정보가 된다. 나는 이 사실도 시청자에게 있는 그대로 알리면 된다고 생각하지만, 대부분의 경우 부탁하는 과정을 생략한다. 이것은 버리기다.

텔레비전 방송은 이 올리기와 버리기를 통해서 제작된다. 방송뿐만이 아니다. 다큐멘터리 영화^{기록 영화}나 신문 또는 잡지의 기사 등도 기본적으로는 다르지 않다. 요리도 마찬가지다. 여러분은 카레를 만들어 본 적이 있는가? 카레를 만들 때 마트에서 사 온 감자와 당근, 양파를 그대로 냄비 속에 넣고 통째로 익히는 사람은 없다. 먼저 껍질을 벗겨야 하고, 먹기 좋은 크기로 토막 내야 한다. 양파의 뿌리나 감자의 싹이 있으면 제거해야 한다. 재료가 익으면서 부서져 국물이 지저분해질까 봐 토막 낸 감자와 당근의 모서리를 다듬는 사람도 있을 것이다. 돼지고기도 덩어리째 넣어서는 먹기가 힘드니 비계를 잘라내고 먹기 좋은 크기로 잘라야 한다. 그런 뒤에는 기름에 볶는다. 소금과 후추도 잊지 말자. 또한 처트니나 강황 같은 조미료를 더하면 더욱 본격적인 맛이 된다. 이제 냄비에 물을 붓고 끓인 다음 볶은 재료를 집어넣는다. 떠오른 기름이나 찌꺼기는 떠내서 버리는 편이 더 맛있다. 이제 카레 루를 넣는다. 카레 가루와 밀가루를 따로 볶아 놓았다가 넣는 사람도 있

다. 이렇게 해서 카레가 완성된다. 접시에 밥을 담고 카레를 끼얹는다. 이때 완성된 카레라이스를 먹으면서 감자나 양파가 원래의 모양이 아니라고 화를 내는 사람은 없을 것이다. 분명히 재료는 감자와 양파와 당근이지만, 원래 모습 그대로는 요리가 되지 않는다.

뉴스의 경우는 되도록 소재를 자르거나 조미료를 사용하지 않는 편이 좋다. 그러나 텔레비전의 경우는 시간이, 신문의 경우는 지면이 한정되어 있다. 그릇에 들어가는 요리로 만들어야 한다. 그래서 조리하는 가운데 어떻게 해야 소재의 맛을 끌어낼 수 있을지, 손님의 취향에 맞출 수 있을지가 과제가 된다. 그런데 그곳에서는 소재의 맛보다 자극적이고 진한 맛이 더 사랑받는다. 알기 쉬운 맛인지는 모르지만 소재 본연의 맛은 남아 있지 않은, 다수가 카레답다고 생각하는 맛이 사랑받는 것이다.

'진실'은 한 가지일까?

"모리 씨는 조작 방송을 만들어 본 적이 있습니까?"라는 질문을 가끔 받는다. 그럴 때면 나는 어떤 의미로 조작이라는 말을 사용했는지 되묻는다.

사실이 아닌 것을 날조한다. 이것은 조작이다. 사실은 분명히 있다. 그러나 그 사실을 그대로 그릇에 담아서는 너무 싱겁다. 그래서 모두가 맛있게 먹을 수 있도록 조리한다. 이것은 연출이다.

조작과 연출의 경계는 사실 매우 모호하며 알기 어렵다. 그렇게 단순한 문제가 아니다. 다만 이것만큼은 분명히 말할 수 있다. 자신이 현장에서 느낀 진실을 왜곡해서는 안 된다는 것이다.

"단 하나의 진실을 추구합니다."

만약 이런 말을 입 밖으로 내는 미디어 관계자가 있다면 그 사람이 하는 말은 신용하지 않는 편이 좋다. 분명 굉장히 멋진 말이기는 하다. 그러나 이 사람은 결정적인 잘못을 저질렀다. 그리고 자신이 그 잘못을 저질렀음을 깨닫지도 못하고 있다.

진실은 하나가 아니라고 말한다면 여러분은 어떤 반응을 보일까? 충격을 받을지도 모르겠지만, 정말로 그렇다. 사실은 분명히 하나다. 여기에 누군가가 있다. 누군가가 무엇인가를 말한다. 그 말을 들은 누군가가 무엇인가를 한다. 이를테면 여기까지가 사실이다. 그러나 이 사실도 어디에서 보느냐에 따라 완전히 달라진다. 요컨대 시점이다. 사실은 한없이 다면체다.

그럼 '사실'은 한 가지일까?

수업을 듣는 여러분의 학급에 카메라가 들어온다고 가정하자. 카메라를 어디에 두느냐에 따라 보이는 것이 완전히 달라진다. 선생님이 서 있는 장소에 카메라를 둘 경우와 문제아로 보이는 학생의 자리 옆에 카메라를 둘 경우는 보이는 광경이 크게 달라진다.

이것이 사실이다. 현상이나 사건, 사물에는 다양한 측면이 있다. 여러분이 오늘 저녁밥을 먹다가 "요즘 공부를 안 하는 것 같더라?"라는 어머니 말에 자신도 모르게 말대꾸를 했다고 가정하자. 말대꾸한 이유는 무엇일까? 어떤 사람은 "저 아이는 요즘 들어서 엄마의 잔소리가 심해 짜증이 나 있었던 거야."라고 말한다. 또 다른 사람은 "자기는 열심히 공부하고 있는데 엄마가 몰라주니까 화가 난 거야."라고 말한다. 또 어떤 사람은 "사실은 본인도 요즘 자신이 공부를 안 하고 있다고 생각하고 있었는데 아픈 곳을 찔리니까 자기도 모르게 반항한 거야."라고 말한다. "다른 걱정거리가 있어서 그일에 신경을 쓰다가 자신도 모르게 말대꾸해 버린 거야."라고 설명하는 사람도 있을지 모른다.

여러분의 진짜 심정은 알 길이 없지만, 어느 하나만이 정답이고 나머지 설명은 전부 틀린 것은 아니지 않을까 싶다. 사건이나 현상은 다양한 요소가 복잡하게 얽혀서 만들어진다. 어디에서 보느냐에 따라 완전히 달라진다. 그 복잡한 다면체가 사실이다. 그러나 이것을 정확히 전하기는 불가능하다. 그렇기 때문에 미디어는 어느 한 시점에서 보도한다. 현장에 간 기자나 디렉터에게는 그것이 진실이다.

시점을 바꾸면 또 다른 세계가 나타난다. 시점은 사람마다 다르다. 그러므로 미디어는 좀 더 다양한 각도의 시점을 제시해야 한다. 아니, 제시할 수 있다. 그러나 신기하게도 어떤 사건이나 현상에 대한 미디어의 논조는 하나같이 비슷하다. 다 거기서 거기다. 왜 그럴까? 그것이 시청자나 독자가 가장 지지하는 시점이기 때문이다.

그러니 기억해 두기 바란다. 사실은 무한한 다면체이며, 미디어가 제공하는 단면은 어디까지나 그중 하나에 불과하다. 만약 여러분이 현장에 갔다면 전혀 다른 세계가 나타날 가능성이 매우 높다.

기사 뒤에 묻힌 다양성의 세계

앞에서 나는 "현장에 간 기자나 디렉터에게는 그것이 진실이다."라고 말했다. 그런데 이때 반드시 지켜야 할 선이 있다. 기자나 디렉터는 자신이 현장에서 취재한 사실, 또 자신이 현장에서 느낀

바에 대해 성실해야 한다는 것이다.

현장에서 취재한 기자나 디렉터 중에는 옴 진리의 신자들이 너무나도 선량하고 마음 약하며 순수하다는 것을 깨달은 사람도 있었다. 그러나 그들은 그런 일면을 보도하지 않았다. 만약 보도했다가는 항의가 빗발쳤을 것이다. 시청률이나 판매 부수가 떨어질 가능성도 분명히 있다. 광고하거나 협찬하는 기업의 담당자도 "대체 왜 그런 보도를 한 겁니까?"라고 화를 낼지 모른다.

게다가 거대한 조직의 경우는 일반적으로 현장을 모르는 사람이 큰 권한이 있는 경우가 많다. 현장을 취재한 기자가 "사실은 그렇지 않습니다."라고 말한들 그들은 좀처럼 이해하려 들지 않는다.

일례로, 일본에 좋은 인상을 품은 중국인이 늘고 있다. 물론 일본을 싫어하는 중국인도 있다. 그런데 일본을 싫어하는 중국인만 집중적으로 조명하는 미디어가 있다. 그러는 편이 시청률이나 판매 부수를 높일 수 있기 때문이다. 그 결과 중국인은 일본을 싫어한다고 착각하는 일본인이 늘어난다. 물론 이것은 중국의 미디어도 마찬가지다. 이렇게 해서 두 나라의 미디어가 부추기는 가운데 양국의 국민 모두 현실과는 거리가 먼 인상을 믿고 만다.

나는 대학에서 저널리즘론을 가르치고 있다. 어느 해 1학기 수업을 마치는 날, 한 중국인 유학생이 손을 들더니 "발언해도 괜찮겠습니까?"라고 말했다. 물론 승낙했다. 그러자 자리에서 일어선

유학생은 "일본 서점에 가면 중국이나 중국인을 나쁘게 묘사하는 책이 아주 많습니다."라고 말을 꺼냈다.

"이 수업을 듣는 여러분은 중국에서도 반일을 주제로 한 책이 많이 출판되고 있다고 생각하실지 모르겠습니다. 하지만 그렇지 않습니다. 저는 중국 서점에서 그런 책을 본 적이 거의 없습니다. 저를 포함해 대부분 중국인은 일본을 좋아합니다. 그래서 저도 일본으로 유학을 온 것이고, 중국에서 일본을 찾아오는 관광객이 이렇게도 많은 것입니다."

유학생은 여기까지 말한 뒤 다시 자리에 앉았다. 일본인 학생들은 잠시 침묵에 잠겼다. 그런데 한 명이 동의를 표시하듯이 작게 손뼉을 치기 시작했고, 이윽고 모든 학생이 고개를 끄덕이며 크게 손뼉을 쳤다. 그런 모습을 교단에서 바라보면서 나도 그 유학생의 용기에 작게나마 감격했다.

그렇기에 여러분에게 다시 한번 말하고 싶다. 미디어는 사실의 조각만을 전한다. 그것은 완전한 거짓이 아니지만, 진실도 아니다. 이 점을 항상 의식하기 바란다.

대중매체의 반올림 계산법

올리기와 버리기는 소수점 이하의 숫자에 따라 결정된다. 1.5 이상은 2, 1.4는 1이다. 올리기와 버리기는 미디어의 숙명이기도 하다. 그러므로 다른 시점에서 생각하면 그것이 일정한 규칙, 즉 반올림의 법칙을 철저히 따르는 이상 그렇게까지 악질적인 행위는 아니라고 말할 수 있을지도 모른다.

그런데 실제로는 7.8을 7로 만들어 버리는 경우가 있다. 혹은 5.2를 6으로 만들어 버리는 경우도 있다. 무리하게 올리거나 버리는 것이다.

보는 쪽은 물론 본래의 숫자를 알지 못한다. 이렇게 해서 점점 사실과 거리가 먼 정보가 확산된다. 게다가 텔레비전은 보는 사람의 수가 압도적으로 많다. 이렇게 해서 다수 의견이 생기고, 그것이 민의라고 불린다. 정치도 이 민의는 거스르지 못한다. 민의를 적으로 돌리면 다음 선거에서 낙선할지 모르기 때문이다. 민의가 국가의 정책을 바꾼 사례는 역사적으로도 수없이 많다.

시장 원리와 미디어의 관계

왜 반올림의 법칙이 제대로 작동하지 않을 때가 있는 것일까? 정치가나 광고주의 압력 때문일 경우도 있다. 시청자의 항의가 두려워서일 때도 있다. 그러나 가장 큰 이유는 무리하게 올리거나 버리는 편이 시청률이나 판매 부수를 높일 수 있기 때문이다.

2장에서 제2차 세계 대전이 시작되기 전, 일본 군대가 중국을 침공했을 때 당시 신문들이 전쟁을 긍정하는 기사를 써서 군부가 힘을 키우는 데 큰 역할을 담당했다고 이야기한 바 있다. 요컨대 신문은 정부나 군부의 프로파간다를 위한 미디어가 되어 버렸다. 그 이유를 군부의 탄압 때문이라고 보는 설이 있다. 분명히 당시는 '신문지법'이라는 법률이 있었다. 정부가 검열해서 배포를 금지하는 일도 있었다. 검열이란 정부나 공무원이 기사나 방송 내용을 사전에 조사하는 것이다. 지금은 헌법으로 금지하고 있다. 그러나 이유는 그것만이 아니었다.

당시 일본의 양대 신문은 오사카《아사히신문》과 도쿄《니치니치신문》^{지금의 《마이니치신문》}이었다. 《아사히신문》은 처음에는 군부의 중국 침공에 비판적이었다. 그러나 그런 방침을 유지하는 사이에 각지에서 불매 운동이 일어나 판매 부수가 떨어졌다. 게다가 이미 전쟁 지지파였던 《니치니치신문》이 그 틈을 파고들어 판매 부수를 늘려 나갔다. 이에 급해진 《아사히신문》도 군부 지지로 돌아섰다. 중국에서 싸우는 병사들의 용감한 모습을 매일 같이 기사로 보도했다. 그러자 국민은 열광했고, 《니치니치신문》도 질 수 없다는 듯이 병사들의 미담을 기사로 실었다.

이렇게 해서 어느 틈엔가 두 신문은 경쟁적으로 전쟁을 응원하고 고무하는 기사만 싣게 되었다. 양대 신문에 뒤처져 있었던 《요미우리신문》도 이 경쟁에 뛰어들어 다른 두 신문보다 더 영웅적인 기사를 실어 판매 부수를 늘렸다. 이에 위기감을 느낀 《아사히신문》과 《니치니치신문》도 더욱더 영웅적인 기사를 쓰기 시작했다.

전사한 병사는 영웅으로 칭송받았고, 감동한 국민들은 점점 전쟁을 지지했다. 힘이 세진 군부는 미디어에 대한 규제를 강화했다. 그리고 정신을 차려 보니 일본 어디에도 군부의 폭주를 막을 힘이 남아 있지 않게 되었다.

전쟁 중의 미디어는 '대본영 발표'라는 군부의 프로파간다 기관 자체였다. 대본영은 당시에 있었던 천황 직속의 군 최고 기관으로, 일본의 패전이 거의 결정된 상황에서도 거짓말과 은폐로 국민을 계속 속였다. 신문도 마찬가지였다. 그 결과, 국민의 대다수는 천황이 라디오로 패전을 발표할 때까지 전쟁에서 이길 것이라고 믿고 있었다.

일본은 자본주의 사회다. 따라서 자유 경쟁이 원칙이다. 이것을 시장 원리라고 한다. 그러나 이 시장 원리가 미디어들을 한 방향으로 이끄는 경우가 매우 많다. 미디어가 옴 진리교를 극악한 살인자 집단으로 규정한 것도, 사건의 가해자는 무조건 나쁜 놈이며 피해자는 불쌍한 존재라고 입을 모아 외치기 시작한 것도 사실은 전부 이 시장 원리의 결과다.

뉴스가 속이는가? 우리가 속는 건가?

그러면 질문을 하겠다. 이 시장 원리는 누가 만들고 있을까? 생각해 보기 바란다. 매우 중요한 문제다.

알겠는가? 알았을 것이다. 하지만 혹시 모르니 말해 주겠다.

그것은 나, 그리고 여러분이다.

나와 여러분을 포함한 시청자와 구독자가 시장 원리의 주체가 된다. 우리가 전쟁을 바라지 않는다면 미디어도 전쟁을 응원하는 기사를 쓰지 않는다. 텔레비전의 모든 채널에서 똑같은 뉴스만 나온다면 잠시 멈춰 서서 생각해 보기 바란다. '세상에는 그 밖에도 중요한 일이 있잖아?'라는 시점에서 바라보는 사람이 많아지면 방송도 바뀐다.

시청률이나 판매 부수가 떨어지더라도 만드는 사람이 느낀 진실을 추구하자. 나도 사실은 미디어에 이렇게 말하고 싶다. 그러나 동시에 그것이 얼마나 어려운 일인지도 잘 안다. 텔레비전의 경우, 이 시장 원리로부터 자유로운 곳은 공영방송뿐이다. 그런데 지금의 공영방송은 분명히 시청률을 민영방송만큼 신경 쓰지는 않지만 그 대신 정부의 의향을 매우 신경 쓰게 되어 버렸다. 이래서는 곤란하다. 국영 방송이 되어 버린다. 때로는 정부를 제대로 비판했으면 하는데, 지금의 공영방송은 좀처럼 그러지 못하는 조직이 되어 버렸다.

그렇다고 해서 공영방송이 없어져 버리는 것은 더 곤란하다. 누가 곤란할까? 공영방송국의 직원이라고? 아니다. 정말 곤란한 쪽은 바로 우리다.

과거에 텔레비전 방송 업계에서 일했을 때, 처음 만난 사람에게 이런 말을 자주 들었다.

"왜 요즘 텔레비전은 이렇게 따분한 겁니까? 특히 황금 시간대 말인데, 왜 한심한 버라이어티 방송밖에 없는 거죠? 게다가 뉴스도 이게 뉴스인지 와이드 쇼인지 분간이 안 되고 말입니다. 좀 더 제대로 된 방송을 만들어 주세요."

나는 입이 열 개라도 할 말이 없었기 때문에 그저 고개를 끄덕일 뿐이었다. 그러나 사실은 해 주고 싶은 말이 있었다. 텔레비전 업계에도 복잡한 현실을 전하기 위한 방송을 만들려고 노력하는 사람은 많다. 그러나 황금 시간대에 그런 방송을 틀면 틀림없이 시청률이 부진을 면치 못하며, 결국 사라져 버린다. 그리고 그 시청률을 결정하는 주체는 바로 텔레비전을 보는 나 그리고 여러분이다.

우리는 미디어로부터 정보를 받아들여서 세계관을 만든다. 그러나 그 미디어의 정보에 큰 영향력을 발휘하는 존재도 우리다. 미디어가 무엇이든 반올림하는 것도, 때로는 무리하게 올리거나 버리는 것도, 실제 사건이나 현상을 과장하는 것도, 때로는 숨기는 것도, 전적으로 그렇다고는 말하지 않지만 우리 한 사람 한 사람의 무의식적인 욕망이나 개운해지고 싶다는 충동, 누군가가 이해하기 쉬운 답을 가르쳐 줬으면 하는 바람에 미디어가 충실히 부응한 결과다.

미디어는 부추긴다

20세기 전반, 미디어는 두 차례의 세계 대전이라는 커다란 잘못의 주역이 되었다. 그러나 이것은 과거형으로 끝나지 않고, 지금도 계속되고 있다. 1994년에 아프리카 르완다에서 대규모 학살이 있었다. 소수파지만 본래 민족도 언어도 같았던 투치족 사람들을 다수파인 후투족 사람들이 닥치는 대로 죽이기 시작했다. 학살당한 사람의 수는 50만 명에서 100만 명으로 추정되었다.

원인은 한 가지가 아니다. 현상은 다면적이다. 다양한 요인이 작용했다. 이후의 조사에서 라디오가 커다란 요인이 되었음이 판명되었다. 주로 후투족 사람들이 듣던 라디오 방송에서 "투치족은 위험하다. 당하기 전에 해치워야 한다."라고 선동^{부추겨서 행동하게끔 만드는 것}하는 방송을 반복했다. 당시 개발도상국이었던 르완다에서는 라디오가 거대한 영향력을 지닌 미디어였다.

2장에 소개했듯이, 나치의 고위 간부였던 괴링은 "전쟁을 일으키고 싶을 때는 위기감을 부추기면 된다."라고 말했다. 물론 전쟁을 일으키고 싶어 하는 권력자가 미디어를 이용하는 경우도 있지만, 미디어는 처음부터 불안감이나 위기감을 부추기는 솜씨가 매우 뛰어나다. 이유는 이제 여러분도 알 것이다. 그러는 편이 시청률이나 판매 부수를 높일 수 있기 때문이다.

이따금 나는 인류가 무엇 때문에 멸망할지 생각해 본다.

① 외계인의 침략

② 운석의 낙하

③ 빙하기

여러분은 어떻게 생각하는가? 정답은 물론 알 수 없다. 알 수는 없지만, 나는 때때로 인류가 지나치게 진화한 미디어 때문에 멸망하지 않을까 생각한다. 물론 기우였으면 좋겠다. 게다가 설령 미디어가 위험한 존재라고 해도 인류는 이제 미디어를 버리지 못한다. 미디어는 물이나 공기와 마찬가지로 당연한 존재가 되어 버렸다.

그리고 우리는 선입견에 빠진다

이 책을 시작하면서 나는 스테레오타입 이야기를 했다. 기억하는가? '틀'이나 '유형'이라는 의미다. 실제로는 매우 다양한 요소가 있음에도 가장 머릿속에 떠올리기 쉬운 요소만이 표준인 것처럼 착각하고, 이윽고 그것이 전부인 양 믿게 되는 것을 말한다.

만약 여러분이 아프리카라는 말을 듣고 정글이나 사냥하는 원주민 등의 이미지를 떠올렸다면 그것은 전형적인 스테레오타입이다. 아프리카에는 정글뿐만 아니라 사막도 있다. 시골도 있고 도시도 있다. 전통적인 생활을 하는 사람들도 있지만 도시에서는 양복 입은 회사원들이 한 손에 스마트폰을 들고 바쁘게 일하고 있다.

세상 사람들의 세계관은 다양한 스테레오타입으로 성립되어 있다. 여러분만이 아니다. 아직도 세계에는 일본 남성은 모두 안경을 끼고 카메라를 목에 걸고 있다든가 여성은 일본식 머리를 하고 기모노를 입는다고 믿는 사람이 얼마든지 있다. 그런 이미지는 단순히 틀린 것에 그치지 않고 사람들에게 '그들은 우리와 달라.'라는 의식을 필요 이상으로 강하게 심는다. 아프리카 사람들도 컴퓨터를 사용한다. 스마트폰도 일상적으로 사용한다. 물론 지역이나 사람에 따라 차이는 있지만, 그것은 일본도 마찬가지다. 웃고, 울고, 불평하고, 누군가를 사랑하거나 사랑받고, 배신하거나 배신당하고, 절망했다가도 다시 희망을 품으며, 부모를 사랑하고 자식을 사랑한다. 사람들의 이런 모습은 세계 어디를 가나 똑같다. 언어나 종교, 민족이 달라도 사람의 체온은 모두 같듯이, 내면은 거의 차이가 없다.

그런데 극단적인 스테레오타입은 사람을 기호로 만들어 버린다. 자신과 마찬가지로 기쁨이나 슬픔, 괴로움이라는 감정을 가진 존재가 아니라 동떨어진 하나의 범주로 만들어 버린다. 과거에 미디어가 지금처럼 발달하지 않았을 무렵에는 그런 스테레오타입이 세계를 뒤덮었다. 그래서 식민지주의가 있었다. 그래서 노예 제도가 있었다. 그래서 전쟁이 있었다. 그래서 학살이 있었다.

옛날 사람들은 미디어가 발달하면 그런 스테레오타입은 사라지리라 생각했다. 미디어가 이 세계에서 전쟁이나 학살, 굶주림을 없애 줄 것이라고 믿었다.

선입견을 바꾸는 것도 미디어다

분명히 미디어는 급속히 진화했다. 우리는 방에서 한 발도 나가지 않고서도 세계에서 일어나는 여러 가지 일들을 알 수 있게 되었다. 그러나 잘못 생각한 것이 한 가지 있었다. 미디어가 내보내는 정보의 양은 과거와 비교도 되지 않을 만큼 늘어났지만, 그 정보를 받아들이는 사람의 시간은 예나 지금이나 하루 24시간으로 다르지 않다는 것이다. 그래서 미디어는 다양한 현상이나 사건을 효율적인 정보로 정리했다. 쉽게 말해 간략화다. 이 과정에서 다양한 지역, 국가, 조직에 속한 사람들이 또다시 스테레오타입에 끼워 맞춰졌다.

이래서는 아무것도 변하지 않는다. 아니, 변하지 않는 정도가 아니라 경쟁적으로 정보를 알기 쉽게 간략화하는 미디어들이 이 스테레오타입을 전 세계에 퍼트리고 있다. 그래서 전쟁이 사라지지 않게 되었다. 새로운 위협으로서 테러도 생겨났다. 불안감과 공포가 미디어를 통해 전 세계로 확산했다. 여기에 새로운 미디어로서 인터넷도 추가되었다.

'차라리 미디어가 없어지는 편이 낫지 않을까?' 여러분은 이렇게 생각할지도 모른다. 나도 때로는 그렇게 생각한다. 그러나 미디어는 물과 공기처럼, 도로나 다리처럼 우리의 생활에 없어서는 안 될 존

재가 되어 버렸다. 이제 와서 미디어를 버리기는 불가능하다.

그리고 무엇보다도 스테레오타입을 부숴 줄 가능성을 지닌 존재도 미디어다. 사람들이 서로를 미워하고 서로에게 상처를 입히고 있는 이 세계를 크게 바꿀 가능성을 지닌 존재도 미디어다. 그렇기에 미디어 리터러시가 중요하다. 미디어를 올바르게 보고 듣고 읽는 것은 이 세계에 관해 올바르게 생각하는 것과 같은 의미다. 그런 다음 생각한다. 나는 무엇을 하고 싶은가? 세계는 어떠해야 하는가? 무엇이 옳은가? 무엇이 틀렸는가?

우리가 미디어 리터러시를 익히면 틀림없이 미디어도 변화한다. 그리고 변화한 미디어는 우리를 더욱 변화시킨다. 그러면 틀림없이 세계는 지금보다 나은 방향으로 나아갈 것이다.

5. 가짜 뉴스에 속지 않으려면

가짜 뉴스에 속지 않으려면 어떻게 해야 할까? 어떤 사건에는 하나의 진실만이 있을 수 없으며, 사실을 조합해 만든 뉴스라도 진실과 거짓말이 한데 뒤섞여 있음을 깨달아야 한다. 이것이 가짜 뉴스에 속지 않기 위한 미디어 리터러시의 출발점이다.

세계는 복잡하고 다면적이다

풍경화를 그린다고 가정하자. 먼저 하얀 도화지와 물감과 붓을 준비한다. 나뭇잎을 그릴 때, 여러분은 무슨 색을 사용하겠는가? 녹색 물감 한 가지만을 사용하겠는가? 그렇지는 않을 것이다. 횡록색이라든가, 황록색이 없으면 노란색을 섞는다든가, 어느 계절을 표현하는가에 따라 갈색 또는 빨간색을 섞을지도 모른다. 파란 하늘이나 사람의 피부나 땅바닥을 그릴 때는 어떻게 하겠는가? 여러 가지 색을 덧칠하거나 섞을 것이다. 그렇게 할 때 비로소 하얀 도화지 속의 세계는 여러분이 느낀 실제 세계에 가까워질 것이다.

그러나 세상에는 복잡함보다 단순함을 선호하는 사람이 많다. 이 사람은 나쁜 사람, 저 사람은 정의로운 사람. 이것은 검은색, 저것은 흰색. 1에 1을 더하면 2, 소수점 이하는 잘라낸다 등등. 단순한 편이 이해하기 쉽기 때문이다.

이렇게 해서 미디어는 다면적인 시각이 생기지 않게 된다. 어떤 의미에서는 당연한 일이다. 많은 사람이 찾지 않는 초콜릿이나 사탕만을 만드는 과자 회사는 실적 부진으로 문을 닫을 것이다. 심해어밖에 팔지 않는 생선 가게는 얼마 못 가 망한다. 상품을 규정하는 것은 마켓이며, 그 마켓의 지표는 텔레비전이라면 시청률, 출판이라면 판매 부수, 인터넷이라면 클릭 수다. SNS라면 '좋아요!'로 나타난다. 이런 것들의 수를 늘리기 위해서는 최대한 정보를 간략화해서 A 또는 B로 분류해야 한다. 이렇게 해서 A 아니면 B밖에 없는 세계가 만들어진다. C나 D나 E일 가능성은 배제한 세계다. 단순하고 편평한 세계. 즉 페이크다. 페이크란 거짓 또는 허구를 뜻한다.

2014년 2월, 일본에서 고스트라이터 소동이 벌어져 큰 화제가 되었다. 청각 장애가 있는 인기 작곡가 사무라고치 마모루 씨에게 고스트라이터^{뒤에서 대신 곡을 써 주는 작곡가}가 있었다는 사실이 폭로된 것이다. 음악가인 니가키 다카시 씨는 18년에 걸쳐 사무라고치 씨의 부탁으로 작곡을 했다고 고백했다. 그리고 동시에 사무라고치 씨가 실제로는 청각에 문제가 없다고 발언했다. 이에 대해 사무라고치 씨는 니가키 씨에게 작곡을 의뢰한 사실을 인정하고 기자 회견을 열었는데, 이때 청각 장애에 관해서는 사실이라고 주장했다. 그러나 미디어는 사무라고치 씨에게 비난을 집중했고, 사무라고치 씨는 그 후 계속 입을 다물었다.

그해 여름, 어떤 계기로 사무라고치 씨를 만난 나는 그를 피사체로 삼은 다큐멘터리 영화를 제작하고 싶다는 생각이 들어 촬영을 시작했다. 그리고 2016년에 〈FAKE〉라는 제목으로 완성했다.

미디어도 사회의 다수도 A인지 B인지를 알고 싶어 한다. 소동을 계기로 '청각 장애를 앓고 있는 천재 작곡가'가 '실제로는 귀가 들리면서도 들리지 않는 척한 사기꾼'으로 평가가 뒤집혔듯이, 그 중간은 존재하지 않는다. 사무라고치 씨는 '감음성 난청'이라고 해서 어떤 소리는 들을 수 있지만 어떤 소리는 듣지 못한다. 그날그날 귀의 컨디션에 따라서도 들을 수 있는 소리가 달라진다. 입 모양 등을 통해서 상대의 말을 읽어 낼 수 있기 때문에 대화할 수 있는 때도 있다. 어떤 한순간만을 떼어내서 '귀가 들리는가, 들리지 않는가?'라고 단정하기는 사실 매우 어렵다.

청각만이 아니다. 예를 들면 시각도 100% 보인다거나 보이지 않는다고 단언할 수 없는 경우가 많다. 근시인 사람이 있는가 하면, 약시^{근시보다 더 안 보이지만 전혀 안 보이는 것은 아니다}인 사람도 있다. 한쪽 눈이 보이지 않는 사람도 있고, 보이기는 하지만 색을 판별하지 못하는 사람도 있다. 우리가 사는 세계는 다양한 색이 섞여 있다. 녹색과 노란색 사이에도 여러 가지 색이 있다. 다른 색이 단계적으로 변해 가는 것을 그러데이션이라고 하는데, 그러데이션이 있기에 세계는 풍요롭고 아름답다. 나는 그렇게 생각한다.

자유는 두려운 것이 아니다

미안하지만 또 질문하겠다. 넓은 벌판에서 아무 곳이나 마음대로 가도 좋다는 말을 들었다면 여러분은 어떻게 하겠는가? 이것도 정답은 없는 질문이니 자유롭게 생각해 보기 바란다.

너무 뜬금없는 질문이라 뭐라고 대답해야 할지 모르겠는가? 어떻게 해야 할지 알 수가 없어서 들판에 멍하니 선 채 움직이지 않는 사람도 있을지 모른다. 사실은 그런 사람이 적지 않다.

《자유로부터의 도피》라는 책이 있다. 에리히 프롬이라는 정신분석학자가 제2차 세계 대전 도중인 1941년에 발표한 책이다. 이 책에서 프롬은 당시 세계에서 가장 민주적이라고 평가받았던 바이마르 헌법을 보유한 독일이 왜 히틀러와 나치스를 지지하게 되었는지, 그 이유를 '자유'를 키워드로 삼아서 고찰했다.

요약하면 이런 내용이다. 사회에서 자유_{요컨대 독립하는 것}를 얻기 위한 교환 조건으로서 인간은 자연이나 어머니 등 누구나 과거에 연결되어 있었던 유대로부터 분리되었다. 유대를 잃은 인간은 고독하고 불안해진다. 불안해진 사람은 안정하거나 안심하기 위해서 민족이나 국가, 다수파 같은 근대적인 유대로 도피한다. 이것은 동시에 자유를 포기하는 것이기도 하다. 스스로 나서서 무엇인가에 복종하는 것이다. 그러나 본인은 그 사실을 깨닫지 못한다.

프롬은 근대에 들어와서 두드러진 현상이라고 고찰했지만, 인간은 본래 혼자 있는 것을 견디지 못하는 생물이다. 16세기의 사상가인 에티엔 드 라 보에티는 이것을 '자발적 예종'이라고 불렀다. 예종은 '예속되어 복종하는 것'이란 뜻이다. 보에티는 여기에 '자발적'이라는 말을 덧붙였다. 즉, 자신이 나서서 누군가에게 예속되고 복종한다. 여러분은 정상적인 사람이라면 절대 그럴 리가 없다고 생각할지도 모른다. 그러나 사실 이것은 매우 보편적인 현상이다. 누구나 외톨이가 되는 것을 두려워한다. 마음 맞는 동료들과 함께 있고 싶어 한다.

이렇게 해서 우리의 사회는 민주적인 절차를 지키면서도 어느 틈엔가 조금씩 독재 체제에 가까워져 간다. 그리고 조금만 더 나아가면 어린 왕자도 경계했던 파시즘에 다다른다.

많은 사람은 불안과 공포를 견디지 못한다. 그래서 민족이나 국가, 다수에 의지하고 싶어 한다. 유대인 등 600만 명을 학살한 나치즘이 독일에서 확산한 이유 중 하나는 독일인이 규칙을 잘 지키고 조직력이 강하기 때문이라고 한다. 여기까지 들은 여러분은 틀림없이 이렇게 생각할 것이다. 독일과 같은 수준, 혹은 그보다 더 규칙을 잘 지키고 조직을 중요하게 여기는 나라가 있지 않으냐고.

그렇다. 내가 태어난 일본도 있고, 이 책의 독자인 여러분이 태어난 국가 중에도 있을 것이다.

여러분은 학교에서 혼자 다른 의견을 주장하기보다 다수의 의견에 동조하는 편이 편하다고 느낀 적이 없는가? 그것이 자신의 본심은 아님에도 말이다. 부화뇌동附和雷同이라는 사자성어가 있다. 일정한 주관 없이 타인의 의견을 따르고 같이 행동한다는 뜻이다. 벼농사를 근간으로 하는 일본이나 한국, 중국 사람들은 이런 경향이 강하다고 이야기되어 왔다. 유행이나 베스트셀러가 쉽게 탄생하는 나라라는 설도 있다. 바꿔 말하면 혼자가 되었을 때는 약하다. 그래서 파시즘전체주의에 빠지기 쉽다. 그리고 집단의 일원으로 있는 한은 개인으로서 책임을 지지 않아도 된다. 이 사고 회로 때문에 특히 일본은 제1차 세계 대전 이후 중국을 침략하고 미국과 유럽을 상대로 전쟁을 벌이는 커다란 잘못을 저질렀다.

큰 잘못을 회피할 방법은 있다. 그것은 역사를 배우는 것이다. 그러나 역사도 바라보는 시점에 따라 달라진다. 도요토미 히데요시[10]는 위인일까 악인일까? 도쿠가와 이에야스[11]는? 이것은 어떤 각

---

10. 일본의 무장이자 정치가. 일본을 통일하고 중국 침략의 야망을 실현하기 위하여 조선을 공격하여, 임진왜란을 일으켰으나 실패했다.

도에서 바라보느냐에 따라 달라진다. 자신에게 불편한 역사적 사실은 인정하고 싶지 않다고 생각하는 사람이 있다 해도 이상한 일은 아니다. 누구나 비난받기보다는 칭찬받고 싶어 한다. "일본인은 대단하다."라든가 "일본은 세계의 존경을 받고 있다." 같은 말은 들으면 기분이 좋아진다. 이렇게 해서 일본을 무작정 예찬하는 내용의 책이나 텔레비전 방송이 계속 늘어난다.

물론 나도 다르지는 않다. 비난받기보다는 칭찬받는 편이 훨씬 기분 좋다. 그러나 역사를 배우는 의미 중 하나는 과거에 자신들이 저질렀던 실패를 아는 것이다. 그리고 무엇을 잘못했는지 배우는 것이다. 과거의 잘못에서 배우지 않으면 똑같은 잘못을 반복하기 때문이다. 그러므로 우리의 어두운 역사를 알아야 한다. 불편한 역사적 사실로부터 눈을 돌리지 말아야 한다. 이것은 매우 중요한 일이다.

미디어가 자유로운 나라

2019년, 국경 없는 기자회가 발표하는 '세계 언론 자유 지수'에

---

11. 일본 에도 막부 시대 1대 쇼군. 도요토미 히데요시 밑에 있다가, 그가 죽은 뒤 도요토미 일족을 죽이고 전국을 제패하여 에도 막부를 세웠다.

서 일본의 언론 자유도 순위는 67위로 발표되었다.[12] 상위는 노르웨이와 핀란드, 스웨덴, 덴마크 등의 북유럽 국가가 차지했고, 독일과 캐나다, 프랑스 등 서양 선진국들도 매년 다소의 변동은 있을지언정 기본적으로 40위 안에 들어간다. 그러나 일본은 언론 자유도에 '문제가 있는' 나라로 간주되고 있다. 참고로 66위는 니제르 공화국이고, 68위는 말라위 공화국이다. 양쪽 모두 아프리카의 신생 국가다. 분명 선진국이자 경제 대국인 일본이 미디어에 대한 평가에서는 이 두 나라 사이에 끼어 있는 것이다.

과거 순위를 살펴보면, 일본은 2010년에 최고 순위인 11위를 기록했고, 그 전해는 17위였다. 그런데 2013년에 53위, 2014년에 59위로 추락하더니 2016년에는 최저 순위인 72위까지 떨어졌다.

왜 일본의 미디어에 대한 평가가 이렇게까지 추락한 것일까? 국경 없는 기자회에서는 "전통적인 권위와 경제적 이익을 우선한 나머지 언론인이 자신들의 역할을 충분히 하고 있지 못하다."라고 지적했다.

2013년에 나는 이 순위에서 항상 최하위 또는 최하위에서 두 번째에 머무는 나라인 북한을 방문했다. 베이징에서 평양으로 가는 고려항공의 여객기를 탔는데, 놀랍게도 승객의 절반 이상이 유

---

12. 대한민국은 2018년보다 2계단 상승한 41위로, 아시아에서는 1위다. (출처: RSF 홈페이지)

1 노르웨이	16 오스트리아	44 보츠와나	110 에티오피아	162 리비아
2 핀란드	18 캐나다	48 미국	121 아프가니스탄	176 베트남
3 스웨덴		66 니제르	134 필리핀	177 중국
4 네덜란드	32 프랑스	67 일본		
5 덴마크	41 대한민국	68 말라위	149 러시아	179 북한
13 독일				180 투르크메니스탄
15 아일랜드	43 이탈리아	109 앙골라	161 타지키스탄	

2019 세계 언론 자유 지수 순위

럽에서 온 관광객이었다. 이것은 당연한 일이다. 일본 미디어의 보도만을 접하다 보면 북한이 세계에서 고립된 나라라고 생각하게 되지만, 사실은 그렇지 않다. 북한과 국교를 맺지 않은 나라는 미국, 일본, 한국, 이스라엘, 사우디아라비아 등 소수에 불과하다. EU 가맹국 가운데 북한과 국교를 맺지 않은 나라는 프랑스와 에스토니아뿐이다. 현재로서는 164개국이 북한과 외교 관계를 유지하고 있으며, 영국이나 독일은 북한의 수도인 평양에 자국 대사관을 두고 있다. 그래서 유럽에서 온 관광객이 많은 것이다.

다만 북한은 관광하기에 좋은 나라라고 말하기 어렵다. 호텔비나 선물용 토산품 등 외국을 대상으로 한 물가가 높다. 무엇보다도 외국인이 자유롭게 거리를 돌아다닐 수가 없다. 북한이 지정한 가이드 겸 통역과 함께 움직이도록 강요받는다. 혼자서 멋대로 거리를 돌아다녔다가는 당국에 구속될 위험성도 있다.

……라는 이야기를 들었는데, 내 가이드는 그렇게까지 엄격하지 않았다. 평양에 머물렀을 때 혼자서 시내를 걸어 보고 싶다고 말하자 "허가 없이 다짜고짜 시민의 사진을 찍으시면 안 됩니다."라고 말하면서도 사실 이것은 일본도 마찬가지다. 양해해 줬다. 그래서 체류 중에 세 번 정도 카메라를 들고 혼자서 거리를 걸어 볼 수 있었다. 세 번 모두 시민 또는 경찰관으로 보이는 사람들이 계속 나를 주시해서 난감하기는 했지만.

미디어를 통제하는 나라

그 밖에도 알게 된 점이 있는데, 시내 곳곳에 그날의 신문이 붙어 있었다. 사실 일본처럼 매일 아침 가정에 신문이 배달되는 나라는 그리 많지 않다. 북한은 서민 생활은 아직 풍족하지 못하며, 부유층쯤 되어야 매일 신문을 살 수 있다. 그래서 벽에 붙여 놓은 신문을 읽는 사람이 많은데, 이 신문의 사진을 찍으려다 문득 깨달았다. 사건이나 사고 등을 전하는 사회면이 없었다. 정확히 말하면 아예 '없는' 것은 아니지만, 사건이나 사고 보도 수가 매우 적었다. 1면을 크게 차지하는 뉴스는 전부 정부^{조선로동당}의 공식 발표를 기반으로 한 것이었으며, 특히 최고 지도자의 동향은 사진과 함께 자세히 실려 있었나. 이것은 텔레비전도 마찬가지였다. 사건이나 사고 등의 뉴스는 거의 없었다. 스마트폰 등 휴대 전화는 상당히 보급되어 있었지만, 인터넷 등을 통해 국외의 정보를 주고받기는 거의 불가능했다. 나도 노트북 컴퓨터와 휴대 전화를 가지고 왔지만 국외와는 아예 연결되지 않았다.

북한 등 독재 정치 체제인 나라에 공통되는 점은 미디어가 권력의 감시자로서 기능하지 못한다는 것이다. 보도의 자유도 순위에서 매년 북한과 최하위를 다투는 에리트레아나 투르크메니스탄도 역시 독재 국가다. 중국 공산당이 1당 지배를 계속하는 중국도 ^{북한}

^{정도는 아니지만} 국내에서 외국 인터넷이나 SNS에 접속하는 것을 일정 수준 제약하고 있다.

요컨대 <mark>미디어 통제는 정권이 독재 체제를 유지하기 위한 필요조건이다. 이것은 바꿔 말하면 미디어가 제대로 기능해서 자유롭게 정권을 감시하고 비판할 수 있는 나라는 절대 독재 국가가 되지 않는다는 의미다.</mark>

우리가 사는 나라는 어떨까? 전화도 인터넷도 아무런 제약 없이 외국과 연결되어 있다. 언론이나 표현의 자유는 헌법으로 보장되어 있다. 정부를 비판해도 체포당하지는 않는다.

그러나 일본의 언론 자유도는 세계 67위로 '문제가 있는 수준'이다. 이상하다. 왜 이런 일이 일어난 것일까?

다른 것은 틀린 것이 아니다

처음 제작한 다큐멘터리 영화 〈A〉를 공개한 이듬해인 1999년, 텔레비전 제작 현장으로 돌아온 나는 내가 감독한 다큐멘터리 〈방송 금지곡〉을 발표했다. 방송 금지곡이란 말 그대로 방송을 금지당한 노래다. 촬영에 들어가기 전, 나는 권력의 규제 또는 탄압이 방송 금지곡의 본질이라고 생각하고 그 전제에서 조사를 시작했다. 그런데 취재를 시작한 지 얼마 되지 않아 어떤 사실을 깨달았다. 방송 업계 또는 음악 업계에서 일하는 사람 대부분이 이 문제에 관해 이야기할 때 항상 "~라고 하더라."라든가 "~했던 모양이다."라고 말하는 것이었다. 요컨대 말 전하기 게임이다. 그러나 그 근원을 찾아내려 해도 같은 곳을 빙글빙글 맴돌 뿐 시작이 어디인지 알 수가 없었다. 누구에게 그 이야기를 들었는지 물어보고 그 사람을 찾아가 보면 또 다른 누구에게 들었다는 대답이 돌아왔다. 즉, 그들은 가상의 이야기를 하고 있을 뿐이었다. 그렇기에 너무나도 쉽게 규제가 발동했다. 어디에도 실체가 없는 가상이 현실이 된 것이다.

일본의 미디어나 표현에 주어진 자유도는 외국에 비해서도 절대 낮지 않다. 그렇기에 혼자가 되면 약해지는 일본인은 불안에 빠졌다. 넓은 벌판에서 "아무 곳이나 마음대로 가도 된단다."라는 말을 듣자 오히려 아무 데도 가지 못하고 우두커니 서 있는 아이처럼. 방송 금지곡은 가상의 표지판이다. 그 표지판에는 "여기부터는 위험"이라고 적혀 있다. 그 표지판을 보고 '더는 앞으로 나아가지 않는 것이 안전하겠네.'라고 생각한다. 오히려 그런 표지판이 없으면 불안감을 느낀다. 이렇게 해서 미디어 관계자들은 표지판을 스스로 만들기 시작했다. '자유로부터의 도피'다. 자유의 영역을 스스로 줄여 나갔다.

일본에서는 '불근신'이라는 말이 자주 사용된다. 사전을 찾아보면 "지켜야 할 예의에서 벗어난 것. 성실하지 못한 것"이라는 의미다. 수업 중에 누군가가 우스꽝스러운 행동을 해서 다른 학생들이 웃음을 터트리자 화가 난 선생님은 "불근신해!"라며 화를 낸다. 본래는 대략 이런 어감이다.

몇 년 전, 동일본 대지진 직후에 발표했던 영화가 타이의 국제영화제에 초청받았다. 상영 후 관객에게 질문을 받고 대답하는 과정에서 나는 "동일본 대지진 이후에는 특히 많은 일본인이 '불근신하니까 하지 마.'라든가 '불근신하니까 하지 않는 게 좋겠어.' 같은 말을 많이 했습니다."라고 말했는데, 옆에 있었던 통역이 갑자기 난처한 표정을 지었다. 그래서 "왜 그러시죠?"라고 물어보니 "타이의 언어에는 '불근신'에 해당하는 말이 없거든요. 그래서 통역하기가 어렵네요."라는 것이었다. 그 말을 듣고 나중에 여러 나라의 언어를 조사해 봤는데, 정말로 본래의 의미를 살리면서 '불근신'을 번역하기는 매우 어려움을 알게 되었다. "법률을 위반했다."는 절대 아니고, "사회적인 규칙에서 벗어났다."도 본래의 의미와는 조금 다르다. "도덕적으로 올바르지 않다."도 미묘한 위화감이 느껴진다.

불근신의 의미는 무엇일까? 아주 단순하게 말하면, 모두가 오른쪽을 향해 걷고 있을 때 왼쪽을 향해 걷는 것이다. 모두의 움직임을 거스르는 것이다. 요컨대 '분위기 파악을 못 하는' 것이라고나 할까? 대략 그런 의미다.

모두가 같은 행동을 하고 있는데 왜 당신만 그렇게 행동하지 않는 것이오? 모두가 꾹 참고 안 하는데, 왜 당신 혼자서 그걸 하는 것이오?

슬픔과 증오, 분노에 휩쓸리지 말 것

이 말에 저항하기는 매우 어려울 것이다. 그러나 불가능하지는 않다. 하고 싶은 행동을 하고, 하고 싶은 말을 한다.

2001년 9월 11일, 뉴욕 금융가에 있는 초고층 쌍둥이 빌딩^{세계 무역 센터}에 여객기 2기가 충돌했다. 다른 1기는 미국의 펜타곤^{국방부 청사}에 충돌했고, 또 다른 1기는 추락했다. 미국 동시다발 테러다.

사건 직후, 미국 국민 대부분은 피해자와 유족들의 깊은 슬픔에 공감했다. 그리고 동시에 가해자인 국제 테러 조직 알카에다에 대한 증오심을 불태웠다. 테러 사건 직후, 당시 미국 대통령이었던 부시는 알카에다와 관계가 있다고 추측되었던 아프가니스탄의 탈레반과 이라크의 후세인 정권을 쓰러트리기 위해 전쟁을 시작했다. 정치가와 미디어는 이것을 '테러와의 전쟁'이라고 불렀으며, 미국 국민의 90% 이상이 이 전쟁을 지지했다.

그리고 이때, 평화를 호소하는 노래는 방송 금지곡과 다름없는 취급을 당했다. 직접적으로 전쟁 반대를 호소하는 노래뿐만 아니라 9·11의 참상을 떠올리게 하는 '비행기'나 '폭탄' 등의 단어가 들어간 노래까지도 그 대상이 되었다. 당시 금지되었던 대표적인 노래가 존 레논의 '이매진'이다.

Imagine there's no countries	나라가 없다고 상상해 보세요
It isn't hard to do	그리 어렵지 않아요
Nothing to kill or die for	죽이거나 죽을 이유가 없고
And no religion, too	종교도 없어요
Imagine all the people	모든 사람을 상상해 보세요
Living life in peace	평화로운 삶을 사는

미국의 방송 금지곡 시스템은 일본처럼 무자각적인 규제가 아니다. 미국 전역에 1,000개가 넘는 라디오 방송국을 소유한 클리어 채널의 당시 간부가 '방송 자숙곡 목록'을 작성해 계열 방송국에 통지했다. 국가가 총력을 기울여서 보복에 나서려는데 "사람들이 평화롭게 사는 나라를 상상해 봅시다."라는 노래를 방송해 그 흐름을 거슬러서는 안 된다는 것이었다.

테러가 발생한 지 10일이 지난 9월 21일, 피해자나 구조 과정에서 희생된 소방관과 경찰관 등을 위한 추모 콘서트가 전 세계에 중계되었다. 많은 음악가가 무대에서 애국심이나 깊은 슬픔을 표현하는 노래를 불렀다. 그런데 후반에 등장한 닐 영은 피아노로 향하더니 아무런 설명도 없이 자숙곡인 '이매진'을 부르기 시작했다. 이때 나는 그의 팬이라는 사실이 너무나도 자랑스럽게 느껴졌다. 분위기나 동조 압력에 절대로 굴하지 않고, 슬픔이나 증오에 사로잡히지 말고 쓸모없고 무익한 싸움에 휘말리지 않는 것이 중요하다. 많은 사람의 분노나 증오에 동조하지 않는 것이 중요하다. 평소처럼 조금은 화가 난 듯한 표정으로 '이매진'을 부르는 닐 영을 모니터로 바라보면서, 나는 다시 한번 이 점을 실감했다.

가짜 뉴스 말고 느린 뉴스!

2017년에 세계적으로 큰 영향력을 지닌 나라인 미국에서 도널드 트럼프가 대통령으로 선출되었다. 트럼프 대통령은 "아메리카 퍼스트^{미국이 최우선}"를 외치며 멕시코와의 국경에 장벽을 설치하겠다고 선언하고, 나아가서는 중동이나 아프리카로부터 이민을 제한했다. 취임하자마자 중동에서 시리아군의 기지를 미사일로 공격하고, 자신에게 비판적인 미디어를 지목하며 "전부 가짜 뉴스다."라고 공격했다. 2017년 이후 세계 언론 자유 지수에서 미국의 순위는 3년 연속 하락했으며, 2017년에는 '문제가 있는 나라'에 속하는 48위까지 떨어졌다.

그리고 당시 대통령 선거에서 "로마 교황이 트럼프 지지로 돌아섰다."라든가, "상대 후보인 힐러리 클린턴이 테러 조직인 IS에 무기를 팔았다." 같은 대량의 가짜 뉴스가 인터넷에 확산되어 선거 결과에 큰 영향을 끼쳤음이 훗날 밝혀졌다.

웹사이트나 SNS 등에서 발신·확산하는 가짜 뉴스. 그 의미는 진실이 아닌^{가짜} 정보^{뉴스}라는 것이다. 인터넷뿐만 아니라 대중매체가 발신하는 불확실한 정보도 가짜 뉴스로 분류하기도 한다. 가짜 뉴스가 이렇게까지 증가한 이유는 인터넷이 급격히 발달했기 때문이다. 이와 발맞춰 인터넷 세계에도 점점 시장 원리가 파고들었고, 운영하는 웹사이트의 접속자 수를 늘리고 싶어 하는 사람이 늘어났다. 여기에 정치적인 목적으로 여론을 조작하는 사람들도 있다. 어떻게 하면 접속자 수를 늘릴 수 있을까? 정보가 자극적일수록 많은 사람이 흥미를 느끼고 클릭한다. 이익이나 정치적인 이유뿐만 아니라 특정한 누군가를 공격하기 위해 발신하는 가짜 뉴스도 있다. 이와 같은 다양한 이유에서 발신·확산되는 가짜 뉴스는 거대한 영향력을 발휘하기에 사회 문제가 되고 있다.

미국의 대통령 선거뿐만 아니라 2016년에 영국이 EU를 탈퇴할지 아니면 계속 남을지 묻는 국민 투표가 실시되었을 때도 가짜 뉴스가 큰 영향을 끼쳤다. 결과는 EU 탈퇴파의 승리였는데, 득표 수는 박빙이었기 때문에 만약 가짜 뉴스의 영향이 없었다면 결과 는 달랐을 것이 틀림없다. 이에 영국의 공영 방송국인 BBC는 슬로 뉴스를 선언했다. 슬로 뉴스란 느린 뉴스라는 의미다. 빠르기로는 SNS 를 이길 수 없다. 그러나 아무리 빠르더라도 부정확한 정보라면 사회 에 해를 끼친다. 그래서 속도 경쟁을 하지 않고 그것이 사실에 바탕을 둔 뉴스인지 팩트 체크를 하는 기관을 지향하는 방향으로 선회한 것 이다. CNN 등 당시 미국의 대형 미디어도 트럼프 대통령이나 백악 관 대변인의 회견은 사실 확인^{팩트 체크}한 뒤에 방송하는 일이 많아 졌다.

시대의 흐름이 대형 미디어의 모습을 바꿔 버린 것이다.

미디어와 우리는 서로를 비추는 거울이다

미디어는 우리가 요구하는 형태로 변한다. 텔레비전 방송국은 시 청률을 집계하는 회사로부터 전날의 시청률을 전달받는다. 그 집 계에서는 1분 단위로 시청률을 알 수 있다. 그래서 방송국은 가령 뉴스 방송이나 와이드쇼 등의 경우 시청자들이 어떤 화제에 흥미를 보였고 어떤 화제에 관심이 없었는지 금방 알 수 있다. 그 결과 시청률을 끌어내지 못한 화제는 전면에서 사라지며, 시청률을 끌어낸 화제는 더 크게 다뤄진다. 요컨대 텔레비전에는 사회의 관심이나 흥미가 그대로 나타나는 것이다.

이것은 인터넷도 마찬가지다. 사이트 방문자를 늘리려면 클릭을 유도할 기사를 계속 올려야 한다. 물론 신문에도 텔레비전이나 인터넷만큼 노골적이지는 않지만 역시 사회의 관심이나 흥미가 반영된다. 게다가 최근에는 인터넷 보급으로 텔레비전을 보는 사람이나 신문을 읽는 사람이 점점 줄어들고 있다. 다시 말해 작아진 시장 내에서 쟁탈전이 더욱 치열해지는 것이다. 여기에 광고 수입도 감소하기 때문에 많은 예산이나 시간을 들여서 취재해야 하는 기사나 뉴스는 줄어들고 있다.

그러나 나쁜 일만 있는 것은 아니다. 미국에서는 신문이 자신들의 보도에 대해 다른 의견이나 그것이 옳았는지 틀렸는지 검증한 기사를 싣게 되었다. 《아사히신문》과 《마이니치신문》 등 일본의 신문들도 팩트 체크 코너를 설치했다. 여기에 미국 신문에서는 당연시하는 서명 기사^{작성 기자의 이름을 명기한 기사}도 천천히 정착되었다. 자신의 이름이 실리기에 기사에 대한 책임이 무거워지며, 불성실한 기사는 쓸 수 없게 된다.

《뉴욕타임스》 도쿄 지국장이었던 마틴 패클러의 이야기에 따르면, 최근 들어 《뉴욕타임스》나 《워싱턴포스트》에 1인칭 주어를 사용하는 기사가 많아졌다고 한다. 즉, 기자가 "I=나"를 주어로 사용하는 기사가 늘어났다는 것이다. 이것은 정보가 개인의 시점이라는 사실을 밝히는 것이다. 서명 기사보다 더 명확하게 개인이 발신한 기사임을 선언하는 것이다.

1인칭 단수의 주어를 사용한다는 것은, 저널리즘의 정신이기도 하다. 현장에서 취재한다. 누군가에게 이야기를 듣는다. 누군가의 괴로운 상황을 안다. 화가 난다. 눈물이 난다. 많은 사람에게 전해야겠다는 사명감이 생긴다. 이런 술어述語의 주어는 '나'다. '우리'도 아니고 '우리 회사'나 '우리나라'도 아니다. 그러나 기자가 '나'를 주어로 사용하면서 자신의 고뇌를 드러내거나 기사의 마지막에 "……라고는 생각하지만, 어쩌면 아닐지도 모른다."라고 끝맺기는 불가능한 것이 현실이다. 애초에 "생각한다."는 표현 자체가 기본적으로 신문 기사에 사용할 수 있는 말이 아니다.

개인은 현장에서 생각한다. 그러나 조직은 이익을 최우선으로 여긴다. 그리고 이익을 위해서는 다수파의 지지를 얻을 수 있는 기사만을 늘린다. 제2차 세계 대전 직전, 각 신문사는 적극적으로 전쟁을 지지하는 기사를 경쟁적으로 실었다. 물론 전쟁을 부추기는 기사는 좋지 않다고 생각하는 기자도 많았다. 그러나 그런 기사를 실으면 많은 사람에게 비판받을 뿐만 아니라 발행 부수도 줄어들지 모른다. 그래서 전쟁에 대한 의문을 나타내는 기사는 쓸 수가 없었다. 다수의 지지를 받지 못하는 말은 이런 식으로 봉인되어 간다.

대중매체와 사회우리는 서로를 비추는 거울이다. 서로에게 영향을 끼친다. 그리고 여론이 만들어진다.

100% 진실은 없다

공정성과 중립성의 좌표축은 누군가가 결정하는 것이다. 따라서 좌표축이 바뀌면 공정과 중립의 기준도 바뀐다. 과거에 전쟁하던 시절과 지금은 공정, 중립의 기준이 당연히 다르다. A국에서의 기준과 B국에서의 기준도 다르다. C에게는 공정하고 중립적인 뉴스도 D에게는 편향된 뉴스로 느껴질지 모른다. 발신하는 쪽도 받아들이는 쪽도 이 점을 의식해야 한다. 의식하면서 뉴스를 보내고, 의식하면서 받아들이는 것이 중요하다.

오키나와의 미군 기지 문제도 그렇다. 세계에서 가장 위험한 비행장으로 불린 후텐마 비행장을 다른 지역헤노코으로 이전한다는 계획이 실행되고 있다. 그러나 이 계획에 오키나와 현민의 70%가 반대하고 있으며, 헤노코에는 세계적으로 귀중한 생물과 자연환경

이 있기 때문에 국내외의 환경 단체도 작업 중지를 요구하고 있다. 《아사히신문》과 《마이니치신문》, 혹은 오키나와 지역 신문인 《류큐신문》과 《오키나와타임스》 등은 기지 건설에 반대하는 기사를 많이 싣는다. 그리고 《요미우리신문》과 《산케이신문》은 기지 건설을 추진하는 정부를 지지하는 기사가 많다.

"양쪽의 논조가 정반대인데, 대체 어느 쪽이 거짓말을 하는 거죠?"

대학교에서 학생들에게 이런 질문을 받았을 때, 나는 "어느 쪽도 거짓말은 아니랍니다."라고 대답했다. 시점이 달라지면 풍경도 바뀐다. 신문 기사는 독자의 요구에 따라 달라진다. 《요미우리신문》이나 《산케이신문》 독자 중에는 자민당 정권을 지지하는 사람이 압도적으로 많다. 한편 《아사히신문》이나 《마이니치신문》 독자 중에는 지지하지 않는 사람이 많다. 이에 따라 시장 원리가 발동한다. 시장^{독자}에 맞추는 형태로 기사의 논조나 순서가 바뀌는 것이다.

텔레비전에는 시간의 제약이 있고, 지면이나 잡지 등에는 글자 수의 제약이 있다. 정보는 그 제약에 맞춰 반올림된다. 어느 부분을 깎아내고 어느 부분을 남길 것인가? 이것은 시장에 따라 결정된다. 이렇게 해서 같은 정보라도 미디어에 따라 기사나 뉴스가 달라진다. 여기에 100% 진실 같은 것은 존재하지 않는다. 언제나 거짓말과 진실이 뒤섞여 있다. 이 점을 깨닫는 것이 미디어 리터러시의 본질이다.

물론 그런 상태가 이상적일 리는 없다. 그러나 미디어가 자발적으로 바뀌는 일도 없다. 신문사든 텔레비전 방송국이든 경영의 안정을 꾀하는 것은 지극히 당연한 일이다. 그러니 우리가 먼저 바뀌어야 한다.

단 주의해야 할 점도 많다. SNS를 사용하면 스마트폰의 화면이 다채롭고 풍요로운 세계와 연결된 것으로 생각하기 쉽지만, 사실은 지금까지 여러분이 어떤 사이트를 보고 무엇을 클릭했는가에 관한 데이터를 바탕으로 여러분의 취향이나 기호에 맞춤하는 정보가 표시된다. 여러분이 좋아하는 뉴스, 광고만 눈에 들어오게 된다. 그래서 마치 세계가 전부 나와 의견이 같으며 세상에는 한 가지 색만 존재한다고 믿게 될 위험성이 있다.

미디어는 진화한다

인터넷과 연결되어 있으면 자신의 취향에 맞지만 텔레비전이나 신문에서는 다루지 않는 정보도 금방 찾아낼 수 있다. 또 SNS를 통해 자신의 시점이나 의견을 발신할 수도 있다. 신문사나 방송국

기자가 아니어도 많은 사람을 향해 무엇인가를 전할 수 있게 되었다. 이런 상황은 인터넷이 보급되기 전에는 생각도 할 수 없었다.

스웨덴의 그레타 툰베리는 열다섯 살에 기후 위기에 항의하는 뜻을 나타내기 위해 등교 거부를 시작했다. 그리고 동시에 SNS에서 발언하기 시작해 결과적으로 세계적인 화제의 인물이 되었다. 또한 2010년부터 2011년에 걸쳐 아랍 세계에서 발생한 민주화 운동도 본래는 북아프리카 국가인 튀니지 시민들의 SNS에서 시작되었다. 그뿐만이 아니다. 2019년에 시작된 홍콩 민주화 시위에서도 SNS는 매우 중요한 역할을 했다.

만약 SNS가 사회를 좋은 방향으로 바꾼다면 미디어도 순식간에 변화할 것이다. 그렇게 생각하면 SNS는 우리에게 매우 훌륭한 기회를 가져다줬다. 그러나 미디어가 지닌 문제점은 사실 SNS에도 그대로 적용된다. 정보는 시점에 따라 달라진다. 여러분도 SNS에서 정보를 발신할 때 자연스럽게 반올림^{올리기 혹은 버리기}하고 있을 것이다. 그리고 많은 사람에게 '좋아요'를 받거나 리트윗되고 싶은 마음에서 자극적이고 과도한 표현을 쓰기도 할 것이다. 이것은 SNS만의 문제가 아니다. 유튜버가 조회 수를 늘리기 위해 위험한 장소에 가서 아찔한 행동을 하거나 아르바이트하는 사람이 직장에서 일부러 말썽을 일으키고 그 모습을 동영상 사이트에 올려서 논란을 빚었다는 뉴스는 여러분도 본 적이 있을 것이다.

미디어 바깥에 있는 세상을 잊지 말 것

　뉴스의 출처를 일일이 확인하기는 불가능하다. 2장에서 다른 방송사의 뉴스와 논조를 비교 검증하는 방법을 제안했지만, 우리는 매일 바쁘게 살고 있다. 시간적으로나 경제적으로나 그럴 여유가 없는 것이 당연하다. 그렇다면 어떻게 해야 할까?

　사실은 아주 간단하다. 다음의 사실을 똑똑히 기억하기만 하면 된다. 모든 정보에는 반드시 누군가의 시점이 들어 있다. 가령 뉴스라면 기자가 기사를 쓰고, 촬영 기자가 사진을 찍는다. 그래서 기자에 따라 기사 내용이 달라진다. 같은 장소라도 촬영 기자에 따라 사진이 달라진다. 기사나 영상은 전부 일어난 사건의 일부이며 단면이다. 그리고 그 단면은 누군가의 해석이다.

　분명히 기억해야 할 것은 이것뿐이다. 그런 다음, 사실은 다면적이며 어디에서 보느냐에 따라 보이는 모습이 달라짐을 의식해야 한다. 그렇게만 해도 '정보에 대한 거리감'이 달라진다. 읽는 처지일 때도 그렇지만, 여러분이 전달하는 처지가 되었을 때도 이 점을 잊지 말기 바란다.

　단 하나의 사실은 존재한다. 그러나 우리의 감각은 매우 모호하다. 가령 사람의 눈에 보이는 빛^{가시광선}은 전자파 전체 중 일부일 뿐이다. 이것이 조금 어긋나기만 해도 보이는 세계가 변한다. 청각이나 후각도 마찬가지다. 개나 청개구리, 사마귀가 보는 세계는 여러분의 세계와 완전히 다르다. 아니, 어쩌면 내가 보는 세계와 여러분이 보는 세계도 미묘하게 다를지 모른다.

사람은 자신의 시점으로만 사물을 인지할 수 있다. 이 점을 항상 의식하자. 자신이 없어져서 소극적으로 될지도 모르지만, 그래도 괜찮다. 그것은 겸손함이기도 하다. 이런 마음이 없어지면 자신이 정의라고 생각하게 된다. 이것은 가장 피해야 할 상황이다.

아주 단순한 형태를 가진 컵조차 옆에서 보면 직사각형이고 위나 아래서 보면 원이 된다. 단 한 장의 사진으로는 컵을 본 적이 없는 사람에게 그 모양을 정확히 설명하기 어렵다. 그리고 세상은 대부분 컵보다 훨씬 복잡하다. 어디에서 보느냐에 따라 정신없이 변화한다. 어느 쪽이 옳다거나 어느 쪽이 틀렸다고 입씨름한들 의미 없다. 모두 옳고, 모두 틀렸다. 시점은 무한하다. 일단 이 점을 인식하자. 그런 다음 생각하자. 어느 시점이 더 많은 사람을 행복하게 할까? 이 시점은 사람들에게 상처를 주지 않을까? 해를 끼치지 않을까? 그런 식으로 생각을 거듭하자.

사진이나 동영상에는 프레임이 있다. 그 프레임 밖에도 세계가 펼쳐져 있다. 앵글에 따라서도 사진은 변한다. 동영상의 컷은 초 단위로 바뀌지만, 바뀐 뒤에도 시간은 흐른다. 미디어 바깥쪽에 있는 것을 상상하기만 해도 뉴스에 휘둘리는 일은 줄어들 터이다.

미디어는 때때로 방황하고, 때때로 틀리기도 함을 인정한다.

다양한 시점을 모아서 스스로주체적으로 판단한다.

무작정 믿지 않는다.

물론 누군가를 상처 입히거나 정치적인 영향력을 행사하기 위한 가짜 뉴스는 논외다. 이것은 이것대로 확실히 구별해야 한다. 다만 이것만큼은 알아 두기 바란다. 대부분 정보는 0 아니면 1이 아니다. 흑색 아니면 백색도 아니다. 진실 아니면 허위도 아니다. 그러데이션 된 세계 전체다. 그 사이엔 다양한 숫자가 있고, 다양한 색이 있다. 진실은 사람에 따라 다르다.

다시 한번 말한다. 여러분은 그림 도구를 들고 공원의 나무를 그리고 있다. 나뭇잎은 녹색, 하늘은 파란색, 땅은 갈색 한 가지 색으로 칠하겠는가? 그러지는 않을 것이다. 유심히 살펴볼수록 다양한 색이 섞여 있음을 깨달을 것이다. 나뭇잎의 색은 결코 한 가지가 아니다. 하늘도, 땅도, 나무도, 다양한 색이 섞여 있다.

그것이 세계다. 그것이 우리다.

세상에 가짜 뉴스가 넘쳐나고 있다. 그러나 진실과 거짓의 경계선은 매우 모호하다. 우리는 그런 세계에 살고 있다. 다면적이고 다중적이며 다층적이다. 어디에서 보느냐에 따라 보이는 모습이 완전히 달라진다.

그렇기에 세계는 풍요로운 것이다. 그리고 이 점을 깨닫는다면 틀림없이 사람들의 따뜻한 마음도 깨닫게 될 것이다.

나는 그렇게 생각한다.

미디어를 올바르게 이용할 줄 아는
사람이 되어 주세요

새 학기가 되어서 반이 바뀌었다. 새로운 반 친구들은 대부분 전부터 알던 친구들이지만, 도저히 친해지기 힘든 급우가 딱 한 명 있었다. 이름은 A. 왠지 가까이하기가 어렵다. 거리감이 느껴진다. 나를 보는 눈빛도 어딘가 이상하다. 도저히 친해질 수 있을 것 같지 않다. 여러분은 그렇게 생각했다.

그러던 어느 비 오는 날, 수업과 동아리 활동을 마치고 돌아가려던 여러분은 집에서 가져온 우산이 망가졌음을 깨달았다. 우산을 펼치려 했지만 펼쳐지지 않았다. 난감해진 여러분은 이대로 집까지 뛰어갈지 아니면 비가 그칠 때까지 기다릴지 고민하면서 하늘을 바라보고 있었는데, 문득 누군가가 옆으로 왔다. A였다. A는 싱긋 웃으면서 우산을 펼치더니 "같이 가자."라고 짧게 말했다.

학교에서 집까지의 거리는 여러분의 집이 조금 더 가까웠다. 우산을 같이 쓰고 걸으면서 여러분과 A는 짧게 이야기를 나눴다. 자주 듣는 음악, 좋아하는 아이돌……. 여전히 가까이하기 힘든 친구지만, 집 앞에 도착해 고맙다는 인사를 하고 집으로 들어가면서 여러분은 A에 대한 이미지가 그전과는 달라졌음을 깨달았다.

여기에서 질문. A에 대한 어제까지의 이미지와 오늘의 이미지는 어느 쪽이 거짓이고 어느 쪽이 진실일까?

이런 질문을 받으면 여러분은 난감할 것이다. 어느 쪽도 거짓이 아니기 때문이다. 사람은 다면적이다. 보통은 말이 없지만 좋아하는 화제가 나오면 말이 많아진다. 좀처럼 친해지기 힘들지만 가끔은 아주 따뜻한 웃음을 보여 준다. 이 사람에게 이런 측면이 있었구나 하는 생각에 깜짝 놀라게 된다. 여러분도 이런 경험을 한두 번쯤 해 본 적이 있을 것이다.

그리고 이것은 사람에게만 해당하는 이야기가 아니다. 세계는 다면적이다. 다중적이고 다층적이다. 다양한 색이 숨어 있다. 덧칠되어 있다. 그러나 미디어는 그런 세계를 뭉뚱그려 버린다. 단순하고 이해하기 쉽게 만들어 버린다. 그렇게 하지 않으면 정보가 되지 않기 때문이다.

그러므로 "단 하나의 진실"이라는 말은 조심하는 편이 좋다. 녹색에 노란색이나 청록색이 겹치듯이, 그 안에는 다양한 진실이 겹쳐 있다. 시점을 바꾸면 다른 진실이 나타난다.

덧붙이는 말은 이것으로 끝이지만, 마지막으로 확인하고 싶은 것이 있다. 여러분은 '포스트 트루스'라는 말을 들어 본 적이 있는가? 해석하면 탈^脫진실이다. 특히 여론이 형성되는 과정에서 객관적 사실보다 감정적인 의견이 더 강한 영향력을 발휘하는 것, 혹은 사람들이 받아들이기 힘든 진실보다 받아들이기 쉬운 허위를 선택하는 상황을 의미한다.

예를 들어 보겠다. 미국의 트럼프 대통령 취임식에 모인 사람의 수는 전임자인 오바마 대통령의 취임식에 모였던 사람 수보다 명백히 적었다. 공중에서 촬영한 사진을 보면 그 차이를 한눈에 알 수 있었다. 그런데 트럼프 정권은 "역대 가장 많은 사람이 취임식을 자기 눈으로 직접 보기 위해 모였다."라고 발표했다. 그래서 많은 미디어가 이 발표가 사실과는 다르다고 지적하자 트럼프 정권은 "대안적 사실이다."라고 대꾸했다.

진실은 사람의 수만큼 존재한다. 그러나 사실은 한 가지뿐이다. 사실이 수없이 존재하는 경우는 있을 수 없으며, 대안적 사실 같은 것은 당연히 없다. 본래라면 비웃음을 당하고 끝날 수준의 일이다. 그런데 이때 트럼프를 지지하는 사람들은 역대 가장 많은 사람이 취임식장에 모였다는 말을 믿었다. 미국 국민의 대부분이 대통령을 축복한다고 열광했다.

이것이 탈진실적 상황이다. 자신의 입맛에 맞도록 사실을 왜곡하고, 자신이 믿고 싶은 정보만 믿는다. 이것은 미디어 리터러시와는 정반대의 태도다.

특히 인터넷이 사람들의 일상에 없어서는 안 될 존재가 된 지금, 이 상황은 하루가 다르게 가속하고 있다. 인터넷은 그 사람의 경향에 맞춰서 정보를 선택해 제공하기 때문이다. 입맛에 맞는 정보들로 둘러싸이게 되므로 기분은 좋겠지만, 자신이 사실과는 전혀 다른 세계관을 갖게 되었음은 깨닫지 못한다.

세계는 복잡하다. 다면적이고 다중적이며 다층적이다. 이 점을 전제로 삼으면서 허위 정보에 휘둘리지 말아야 한다. 허위 정보에 휘둘리며 살기에는 인생이 너무 아깝다. 이 세상에 태어난 이상, 나는 최대한 이 세계를 올바르게 알고 싶다. 복잡성을 깨닫고 싶다. 흑색 아니면 백색의 단순한 세계가 아니라 다양한 색이 겹쳐 있음을 실감하고 싶다.

그러면서 우리에게 중요한 정보를 선택한다. 유익한 정보를 접한다. 그리고 현실을 바꾼다. 더 좋은 방향으로. 더 많은 사람이 행복하게 살 수 있는 방향으로. 괴로워하거나 상처 입은 사람이 줄어드는 방향으로. 이 시점을 가질 때, 세계는 생각보다 더 풍요로우며 사람들은 생각보다 마음이 따뜻함을 깨닫게 될 것이다.

전쟁은 아직 사라지지 않았다. 학살도 사라지지 않았다. 굶주림이나 불평등도 끝나지 않았다. 그렇게 간단히는 끝나지 않을 것이다. 그러나 포기할 생각은 없다. 괜찮다. 미디어를 올바르게 이용한다면 여러분은 틀림없이 지금의 어른보다 현명해질 테니까.

2019년 11월 4일

모리 다쓰야

세상을 나름대로 이해하기 위한 방법, 미디어 리터러시

우리는 아침에 눈을 떠서 밤에 잠들 때까지 _{혹은 저녁에 눈을 떠서 낮에 잠} 들 때까지 미디어에 둘러싸여서 산다. 텔레비전을 보고, 신문을 보고, 라디오를 듣고, 광대한 인터넷 세상을 돌아다닌다. 그리고 미디어에서 대부분의 정보를 입수한다. 요컨대 미디어는 우리에게 없어서는 안 될 존재이며, 절대적인 영향력을 행사한다.

문득 "침대는 가구가 아닙니다. 과학입니다."라는 모 침대 회사의 광고 문구 때문에 시험 문제를 틀린 초등학생들의 이야기가 생각났다. 그 광고가 유행하던 시절, 초등학교에서 '다음 중 가구가 아닌 것은?'이라는 시험 문제가 나왔는데, 많은 아이가 '침대'를 골라서 틀렸다는 것이다. 직접 경험한 일은 아니기에 실화인지 단순한 풍문인지까지는 알 수 없지만, 이 또한 미디어의 영향력이 얼마나 큰지 말해 주는 이야기가 아닐까 싶다.

실제로 사람들은 미디어를 매우 쉽게 믿는 경향이 있다. 방송에서 어떤 음식이 몸에 좋다는 말이 나오면 날개 돋친 듯이 팔리고, 어떤 음식에 대해 안 좋은 이야기가 나오면 그 다음 날부터 매출이 뚝 떨어진다. 범행 여부가 확정되지도 않았는데 미디어의 보도만을 믿고 사실은 무고한 사람에게 성급하게 비난을 퍼붓기도 한다. 조금 성격이 다르지만 드라마 등에서 보여 주는 연예인의 이미지를 그대로 믿는 것도 미디어의 영향력이라고 할 수 있을지 모른다. 또한 최근에는 인터넷 커뮤니티나 SNS처럼 기존의 미디어에 못지않게 영향력이 커진 새로운 미디어에서 옥석을 판별하기 힘든 방대한 정보가 흘러나와 사람들을 혼란에 빠트리는 일이 종종 일어나고 있다.

이 책의 저자는 그런 미디어를 어떻게 대해야 할지에 관해 조언한다. 미디어는 결국 사람이므로 틀릴 때도 있다, 공정하고 중립적이며 객관적이기는 불가능하다, "언제나 진실은 하나!"라는 명탐정 코난의 말과는 달리 진실은 한 가지가 아니며 세상은 다면적이라고 말한다. 사실 독자 여러분이 몰랐던 새로운 내용은 없을지도 모른다. 그러나 자주 읽으면서 꾸준히 곱씹어야 할 내용이라고 생각한다. 단순히 아는 것을 넘어서 습관처럼 몸에 배도록 만들어야 할 내용이라고 생각한다. 안 그러면 알면서도 똑같은 실수를 반복하게 된다.

이 책에 나오는 이야기들은 결코 남의 나라 이야기라면서 강 건

너 불구경하듯 읽을 수 있는 것이 아니다. 우리나라에서도 똑같은 일이 과거에 일어났으며 지금도 일어나고 있다. 그리고 장담컨대 앞으로도 일어날 것이다. 미디어의 정보를 받아들일 때는 비판적인 자세를 잃지 말자. 세상은 다면적임을 명심하자. 0과 1만 있는 것이 아니라 그 사이에 소수점 이하의 영역이 존재함을 잊지 말자. 이런 습관을 들이기만 해도 미디어에 휘둘리는 일은 많이 줄어들지 않을까.

마지막으로, 비판적으로 읽어야 할 대상은 미디어만이 아니다. 이 책도 마찬가지다. 이 책에서 저자가 하는 말을 무비판적으로 받아들이기보다는 충분히 생각하고 판단하면서 읽기 바란다. 이 또한 미디어 리터러시를 위한 훈련이며, 저자도 독자 여러분이 그렇게 해 주기를 바랄 것이다.

김정환

뉴스 사용 설명서

2017년 6월 12일 처음 펴냄
2022년 3월 15일 개정판 펴냄

지은이 모리 다쓰야
옮긴이 김정환
그린이 치달
펴낸이 신명철
편집 윤정현
영업 박철환
관리 이춘보
디자인 최희윤
펴낸곳 (주)우리교육
등록 제 313-2001-52호
주소 03993 서울특별시 마포구 월드컵북로 6길 46
전화 02-3142-6770
팩스 02-6488-9615
홈페이지 www.urikyoyuk.modoo.at

ISBN 978-89-8040-160-4 43070

이 도서의 국립중앙도서관 출판시도서목록(CIP)는
e-CIP홈페이지(http://www.nl.go.kr/ecip)에서 이용하실 수 있습니다.
(CIP 제어번호:CIP2017001443)